POULLENOT/AQUASH

LA GRAVIÈRE, HOSSEGOR, AQUITAINE

THE **STORMRIDER** SURF GUIDE
FRANCE

LOW PRESSURE

THE **STORMRIDER** SURF GUIDE **FRANCE**

First published in 2012 by LOW PRESSURE LTD©
Tel/Fax +33 (0)5 58 77 76 85
enquiries@lowpressure.co.uk
www.stormriderguides.com

Creation of all road maps European Map Graphics Ltd.
Creation of all graphic arrangement, pictograms, text and index
©Low Pressure Ltd 2012

A catalogue reference for this book can be obtained from the
British Library. ISBN Softback: 978-1-908520-24-1

Printed by Hong Kong Graphics and Printing using 100% chlorine-
free paper stock from managed forests.

BASSE BOULINE

Un des nombreux spots de tow-in situés au large du
Finistère Sud, notamment du côté de Penmarc'h.

One of several offshore tow-in spots near Penmarc'h,
South Finistère, Brittany.

LOW PRESSURE

THE **STORMRIDER** SURF GUIDE
FRANCE

LOW PRESSURE

AVANT-PROPOS FOREWORD

Le surf a sa part d'universel qu'on retrouve partout dans le monde, chez tous les surfeurs de la planète. Mais le lieu où vagues et surfeurs se rencontrent est chaque fois spécifique. Cela tient à la nature du fond, à la puissance de la houle, au déferlement, mais il n'y a pas que ça. L'environnement, le paysage, l'ambiance du spot, la culture du pays, de la région, autant de facteurs qui ramènent l'universalité de cette passion du surf à des caractéristiques particulières auxquelles tout surfeur qui voyage se doit d'être attentif. Ainsi la France et ses régions n'échappent à une spécificité d'un surf à elles.

En France il a fallu l'anecdote d'une planche de surf américaine arrivée à Biarritz en 1956, avec les bagages d'un film hollywoodien en tournage dans le Pays Basque. Mais ajoutée à cette board débarquée de Malibu, il y a eu aussi une clique d'hommes, déjà amateurs de vagues avec le planky et le bodysurf, pour la dupliquer dans toutes sortes de matériaux et ainsi réinventer à leur façon le surf qui se pratiquait en Californie.

Ce point de départ du surf en France est important, car il caractérise un esprit pionnier et de camaraderie typique de ces gars du coin (surnommés les Tontons Surfeurs), bricoleurs de leurs boards et de leur nouvelle passion. Celle-ci a fait très vite des émules chez les plus jeunes, avec à chaque génération un même esprit entreprenant dans le surf, que ce soit pour voyager et découvrir des spots ailleurs, organiser de grandes compétitions internationales avec la venue des meilleurs

There's something universal about surfing, something that can be found everywhere and in every surfer on earth. But places where waves and surfers meet differ all the time and not only because of obvious elements like geology and swell types. Environment, landscape, atmosphere and culture factor-in to turn a universal practice into something uniquely local, with specific characteristics that every travelling surfer must pay attention to. Thus France and all its regions, offer their very own type of surfing experience.

In 1956, a Hollywood director shooting on location in Biarritz, sent for his surfboard, which planted the seed of surfing on France's Atlantic shore. It was then up to a crew of dedicated Frenchmen who already enjoyed waves through paipo and bodysurfing, to duplicate all sorts of shapes and materials in order to reinvent what was happening in California.

This starting point is important as it shows the camaraderie and pioneering spirit typical of these locals (nicknamed the Surfing Uncles) that would shape their own boards and their newfound passion. Young generations were soon to follow with the same type of forward thinking that would lead them to travel and discover new spots, organize international contests then invite the world's best, invent shaping machines, create the European infrastructure for the global surf industry, provide

mondiaux, inventer des machines à shaper, monter des sociétés de surf business pour l'Europe, structurer le surf de haut niveau pour sortir des champions, susciter du surf art et des festivals, etc... De ce point de vue, la France a un dynamisme et une culture du surf, étalée sur des décennies, qui lui est propre et qui imprègne les vagues qu'on peut y découvrir.

Mais ce qui vaut au niveau national, avec cet ancrage aquitain de départ, vaut aussi au niveau régional où la spécificité de la météorologie, de la houle, des couleurs et du relief du paysage, des cultures traditionnelles locales, des modes de vie des gens garantit à chaque spot son atmosphère. Autant de différences qu'il convient de remarquer, au même titre que le mouvement des marées. La France et ses régions est un voyage au multiple facettes. Ce pays en fait même sa fierté, sa beauté et aussi ses rivalités. Et si les Français savent râler, à l'eau comme dans la vie, ils gardent le sourire au final, et se révèlent être conciliants, accueillants, entre eux comme avec les autres.

Qu'il soit français ou étranger, le surfeur a de quoi voyager, surfer, rencontrer en France, entre la Côte Basque, les Landes, le Bordelais, Oléron, la Vendée, la Bretagne, la Méditerranée...Autant de rivages et de spots que ce guide vous tend au bout de la route. Allez-y, mais gardez la fenêtre ouverte. Important d'humer l'air avant de foncer surfer. La France est un pays d'arômes et chaque vague y a son odeur...Bon surf.

Gibus de Soultrait – Co-fondateur et directeur de la rédaction de Surf Session

VVF, CAPBRETON, AQUITAINE

La bombe d'Hossegor, un des parfums français les plus recherchés.

Hossegor hooter – one of the many different aromas of France.

elite pathways to produce French champions and cultivate surf art and festivals. 50 years of dynamism and creativity, all laid down in readily identifiable French style, that pervades not only all aspects of surf culture, but can also be felt in line-ups around the country.

What is true at a national level also stands at a regional one where a cocktail of meteorology, swell, landscape, traditional cultures and lifestyles gives each spot its own atmosphere. Those differences should be noticed as much as tide fluctuation. France and its regions make for a multifaceted travel experience. In fact it's what gives this country pride, beauty and rivalries. And if the French can moan, in the water as well as on land, they always end up with a smile on their face and a genuine welcome to strangers willing to immerse in the fabulous French culture.

Wherever he comes from, a surfer can travel, ride and meet people anywhere along Côte Basque, Landes, Bordelais, Oleron, Vendée, Brittany, Mediterranean...So many shores and spots where this guide can lead you. Go, but keep the window open. It's important to sniff the air before rushing for the surf. France is about aromas and each wave has its own fragrance...Bon Surf.

Gibus de Soultrait – Co-founder and editorial director of Surf Session

Publishing Directors
Dan Haylock Ollie Fitzjones Bruce Sutherland

Editor Bruce Sutherland

Design and Production Dan Haylock

Advertising and Distribution
Ollie Fitzjones Antony 'YEP' Colas

Accounts Andrea Fitzjones

French Translations
Bruno Morand Olivier Servaire
Joachim Grenier Marc Gondard

Maps European Map Graphics

Editorial Contributors
Olivier Servaire Bruno Morand
Antony Colas Joachim Grenier

Photographers
Sylvain Baret
Jean Louis Bernard   Menswave
Bastien Bonnarme   Marc Miceli
Nico Chapman   Bruno Morand
Bernard Choquet   Laurent Nevarez
Antony 'YEP' Colas   Yohann Peche
Erwan Crouan   Kristen Pelou
Joanna Finn   Clément Philippon
Ollie Fitzjones   Damien Poullenot
Julien Gazeau   Antoine Quinquis
Gecko   Benoit Raoui
Arnaud Guerin   Thomas Rivière
Dan Haylock   Joël de Rosnay
Valéry Joncheray   Noar Simon
Frederic le Leannec   Bernard Testemale
Laurent Masurel   François Xavier Vince

Special Thanks
Tiki Yates Camilo Gallardo Patagonia Pete Feehan
Marc Hare Kore Antonsen Neil Stuart Ben Freeston/msw
Jo Finn Maisie & Sandy Finn Haylock Sue and John
Andrea Dillon Ty Ryder Sheila Jake Shani & Marla Fitzjones
Louise Aedan Anna Ella and Jamie Millais
Mireille Lahiholle Fabrice Colas

CASSIS, GOLFE DU LION

Les tourbillons du mistral viennent accentuer l'aspect
bleu électrique de ces vagues, pour compléter un
tableau typiquement méditerranéen.

Billowing Mistral manes accentuate the electric blue
walls of Cassis in an unmistakably Mediterranean vista.

CONTENU
CONTENTS

② LA MANCHE 33

② BASSE-NORMANDIE 37

③ CÔTE-D'ARMOR 46

③ FINISTERE – NORD 49

③ FINISTÈRE – SUD 51

③ MORBIHAN 57

④ LOIRE-ATLANTIQUE 67

④ VENDÉE 69

④ CHARENTE-MARITIME 73

⑤ GIRONDE 86

⑤ LANDES 93

⑤ HOSSEGOR 97

⑥ ANGLET 113

⑥ BIARRITZ 115

⑥ SUD BAYS BASQUE 119

① INTRODUCTION

INFOS VOYAGE — 10

OCÉANOGRAPHIE — 14

ENVIRONNEMENT — 17

CULTURE SURF — 23

② LA MANCHE — 28

③ BRETAGNE — 40

④ CÔTE DE LUMIÈRE — 62

⑤ CÔTE D'ARGENT — 78

⑥ CÔTE BASQUE — 106

⑦ MÉDITERRANÉE — 128

⑦ CORSE — 141

⑦ CÔTE D'AZUR — 139

135 GOLFE DU LION ⑦

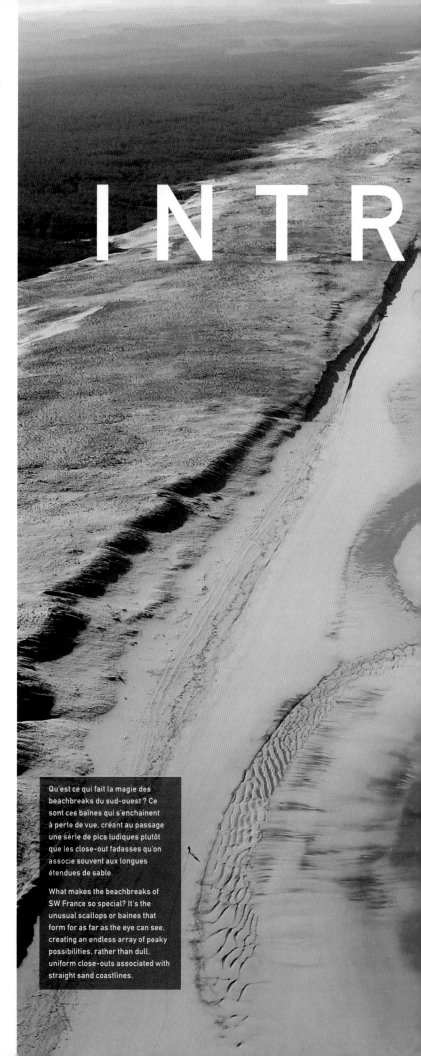

INTR

La France est placée au coeur de la scène surf en Europe, grâce à une position géographique centrale, ce qui en fait une destination privilégiée pour les surfers des quatre coins du continent. Avec un éventail impressionnant de spots, cette longue portion de littoral constamment léchée par la houle attire de nombreux surfers. Ils profitent alors d'une diversité de spots aux caractéristiques très marquées selon la région, comme les célèbres vins français. On y trouve en effet tous les types de vagues, des pointbreaks en eau froide dans les petites criques de Bretagne jusqu'aux beachbreaks de Biscaye et leurs tubes incroyables, en passant par les vagues monstrueuses qui viennent s'écraser sur les reefs au large de la Côte Basque. La température de l'Océan Atlantique y est la plus élevée d'Europe, les plages y sont les plus grandes, et il s'y développe en été une culture surf sans équivalent, un mélange entre surf et art de vivre que l'on dégustera avec style et classe, comme un verre de champagne.

France sits at the heart of the European surf scene, both geographically and culturally, attracting surfers and surf companies from all corners of the continent and beyond. Drawn to an array of top-quality surf along an extensive, swell-drenched coastline, travellers are treated to a diversity of waves with regional character as varied as the famous French wines. Choose from the cool pointbreaks in rocky Brittany coves and the world-class beachbreak barrels of Biscay, or challenge the big wave reefs of the Basque country. There is even the 620kms of rocky Mediterranean coast to explore when winter grips the rest of Europe. France undoubtedly has it all, including Atlantic Europe's warmest water and its longest beach, cultivating an unrivalled summer surf culture that oozes style and class, creating a champagne surfing experience.

Qu'est ce qui fait la magie des beachbreaks du sud-ouest ? Ce sont ces baïnes qui s'enchainent à perte de vue, créant au passage une série de pics ludiques plutôt que les close-out fadasses qu'on associe souvent aux longues étendues de sable.

What makes the beachbreaks of SW France so special? It's the unusual scallops or baines that form for as far as the eye can see, creating an endless array of peaky possibilities, rather than dull, uniform close-outs associated with straight sand coastlines.

ODUCTION

POPULATION 64 877 000	**SUPERFICIE	AREA**
CAPITALE Paris	Metropolitan France
**TEMPS	TIME** GMT +1	674 843km² (260,558mi²)
**LITTORAL	COASTLINE**	**MT BLANC** 4810m (15,781ft)
3427km (2129mi)	**LOIRE RIVIÈRE** 1013km (629mi)

S'Y RENDRE | GETTING THERE
Par Avion | By air

Il y a deux aéroports internationaux à Paris, Roissy-Charles de Gaulle (CDG) et Orly. On peut rejoindre Brest, Bordeaux, Biarritz, ou Marseille facilement par des vols intérieurs avec Air France, la compagnie aérienne nationale. Il n'y a pas de compagnie low-cost française et celles qui arrivent d'ailleurs en Europe desservent souvent des aéroports de province plus petits. Attendez-vous à payer à chaque fois pour les planches.

Paris has two international airports, Roissy-Charles de Gaulle (CDG) and Orly. There are easy internal flight connections to Brest, Bordeaux, Biarritz, or Marseille with national carrier Air France. There is no French low cost airline and budget arrivals from around Europe may use smaller, provincial airports. Always expect surfboard charges.

Par Mer | By Sea

Les ferries embarquant les voitures font la navette à travers la Manche entre la France, l'Angleterre et l'Irlande. Il y a des liaisons rapides et pas chères toutes les heures entre Douvres et Calais, mais ça rallonge ensuite pour rejoindre la côte atlantique. Les traversées de nuit sont plus lentes et assez chères entre la Bretagne et le Sud de l'Angleterre, mais aussi plus relaxantes et on peut surfer dès l'arrivée. Les prix varient énormément selon la saison, pensez à réserver à l'avance si vous partez dans la période de mi-juillet à septembre. Le choix est grand parmi les 15 liaisons en ferry entre la France, l'Italie et la Corse, qui sont effectuées par 8 compagnies différentes. La SNCM fait le plus de traversées vers Ajaccio depuis Marseille, Toulon et Nice, auxquelles il faut ajouter un service express et des liaisons vers la Sardaigne. Checkez sur internet pour la disponibilité des places et les prix pour les voitures. On aura de meilleurs tarifs en réservant assez à l'avance, en milieu de semaine ou avec des départs le matin ou dans la nuit.

Car ferries ply the Channel linking France with England and Ireland. Round the clock, speedy crossings between Dover and Calais are cheap, but leave plenty of driving miles to the Atlantic coast. Slower, expensive, overnight crossings between Brittany and southern England are more relaxing and arrive much closer to the premier surf. Prices are extremely seasonal so peak time bookings from mid July to September should be made early. With as many as 15 different routes to Corsica from France, Italy and Sardinia,

serviced by up to eight different operators, there is plenty of choice with the ferries. SNCM have the most routes to Ajaccio from Marseille, Toulon and Nice, plus an express service and links to Sardinia. Check the websites for availability and vehicle charges. Booking early, making midweek and morning or night departures will help keep costs down.

Par Train | By Train

Depuis Paris, le TGV est rapide et efficace, il dessert Brest (3h), Nantes (2h), La Rochelle (3h), Bordeaux (4h), Biarritz (5h) et Marseille (3h30). Thalys est un réseau à grande vitesse reliant la France, la Belgique, l'Allemagne et les Pays-Bas. Eurostar fait la connection directe avec Paris depuis la gare de Waterloo à Londres. Il y a aussi des liaisons avec l'Espagne, la Suisse, et l'Italie. Les trains de la compagnie ferroviaire nationale SNCF s'arrêtent assez souvent – ils mettent donc plus de temps – mais il y a aussi des trains régionaux assez rapides et confortables (TER). Demandez pour les planches au moment de réserver votre billet, car il faudra peut-être payer et les mettre dans un compartiment à bagages. La Sernam propose un service pour bagages encombrants (planches jusqu'à 3m), qui coûte 39€, avec une livraison en 48h. Toute la côte méditerranéenne est bien desservie par les trains. En France le TGV dessert toutes les villes principales sur la côte méditerranéenne, mais s'éloigne dans l'intérieur du pays entre celles-ci. Les TER de la SNCF s'occupe des autres villes.

From Paris, TGV bullet trains are fast and efficient servicing Brest (3hrs), Nantes (2hrs), La Rochelle (3hrs), Bordeaux (3hrs10min), Biarritz (5hrs) and Marseille (3hrs). Thalys is a high-speed rail network connecting France, Belgium, Germany and the Netherlands. Eurostar connects London's Waterloo directly with Paris. There are also services to Spain, Switzerland and Italy. The SNCF national network is all stops – i.e. slow! – but there are also fast and comfortable regional trains (TER). Check when booking about surfboards, which may have to travel in the baggage car and may attract extra charges. Sernam provide a bulky luggage service (sea boards up to 3m), costs €39 and takes 48 hours. The whole French Med coast is well serviced by trains. The TGV services all the main cities on the Med coast, but drifts inland between them. SNCF fills in the gaps.

VISAS

La France fait partie de la zone Schengen, la plupart des citoyens européens et ceux des Etats-Unis, du Canada, de l'Australie et de la Nouvelle-Zélande n'ont pas besoin de visa. Tous les autres, plus les ressortissants d'Afrique du Sud et ceux qui comptent rester plus de 90 jours doivent obtenir un visa auprès de l'ambassade de leur pays de résidence.

France is a Schengen state and citizens of most European countries, USA, Australia, Canada and New Zealand do not require visas. All others, including South Africans and those planning to stay more than three months, must obtain a visa from the French consulate in their home country.

Avion	Plane	Ferry	Tourisme	Tourism
Paris: adp.fr	poferries.com	francetourism.com:
brest.aeroport.fr	hoverspeed.co.uk	franceguide.com
nantes.aeroport.fr	transmancheferries.com	tourisme.fr
larochelle.aeroport.fr	brittanyferries.com	bordeaux-tourisme.com
bordeaux.aeroport.fr	condorferries.co.uk	brittanytourism.com
biarritz.aeroport.fr	irishferries.com	corsica.net
airfrance.com		normandy-tourism.org
ryanair.com	**Train**	
easyjet.com	sncf.com	**Téléphone	Telephone**
flybe.com	tgv.com	International: 00 33
	thalys.com	Urgences	Emergency: 112
Bus	eurostar.com	
eurolines.com or	eurotunnel.com	
eurolines.fr		

SUR PLACE | GETTING AROUND

Le réseau routier français est un des meilleurs au monde. Vous avez le choix entre les autoroutes à péage (vitesse limitée à 130km/h) ou les Routes Nationales (RN) limitées à 110km/h, qui sont moins rapides et passent souvent par les centre-villes. Il y a environ 867km de Calais à Bordeaux, il faut à peu près 8 h et cela revient à 65€ de péage en voiture et 105€ pour un van de moins de 3m de haut (classe 2). Il faut ajouter 1h et demie pour aller à Hossegor (pas de péages). Pour la plupart des surfers, la solution idéale est le camping-car. On trouve de nombreux campings, depuis les énormes sites quatre étoiles jusqu'aux aires de campings parfois gratuites avec de l'eau et quelquefois des bornes pour l'électricité. Le camping sauvage sur les parkings et dans la forêt est de moins en moins toléré, car il attire une faune peu recommandable qui donne souvent une mauvaise image. Le prix de l'essence est un des plus élevés en Europe,

surtout dans les stations d'autoroute, le moins cher est d'aller la prendre dans les super et hypermarchés. Les routes sont souvent bondées début août et les weekends, mieux vaut alors ne pas envisager de longs trajets à cette période. Pensez à avoir avec vous les papiers du véhicule, permis et assurance (ainsi qu'un document signé par le propriétaire si ce n'est pas votre voiture). Les contrôles de gendarmerie se font souvent juste après les péages. Il vaut mieux être assez clean avec un van bien rangé pour éviter d'attirer l'attention. On trouve toutes les principales compagnies de location de voitures dans les aéroports. Les bus sont une bonne solution dans les zones urbaines comme Biarritz/Anglet et même jusqu'à Hossegor, mais en dehors de juillet et août il n'y en a plus beaucoup. Les bus qui relient les villes entre elles ne prennent pas les bagages faisant plus de 150cm: seuls les bodyboards sont acceptés!

French roads are some of the best in the world. Choose between the high-speed péage autoroutes (toll motorways – 130km/h limit) or RN roads (Routes Nationales – 110km/h limit), which are slower and pass through town centres. Calais to Bordeaux is roughly 867km, takes 8 hours and tolls cost around €65 for a car or €105 for a campervan under 3m high (class 2). It takes another 1.5 hours to Hossegor (free). For most foreign surfers, travelling by campervan is the only way to go. Campsites are numerous and range from pricey mega-sites to cheap aire de camping, offering water and sometimes even electric hook-ups. Free-camping the car parks and forest is frowned upon these days and often attracts the wrong kind of attention. Petrol prices in France are among the highest in Europe especially at the péage pumps. The cheapest place to buy fuel is from the supermarkets. French roads are often congested at the beginning of August and on weekends, so long drives should be avoided at these times. Insurance, license, passport and vehicle registration documents (including a letter of authorisation from the owner if you don't own it) must be carried whilst driving. Police checks are often just after péage booths. A clean appearance and van can help avoid hassles. All the large rental car companies can be found at most airports. Bus services are only useful in urban areas like Biarritz/Anglet and even in Hossegor, but become unreliable outside of July/August. Intercity coaches have a baggage size restriction of 150cm so bodyboards only!

DEVISE | CURRENCY

On utilise l'Euro en France, et l'affichage du prix en Francs n'est plus d'actualité. Quasiment toutes les cartes bancaires sont acceptées.

France uses the Euro and no longer shows the French franc equivalent price. All major credit and debit cards accepted.

OCÉANOGRAPHIE OCEANOGRAPHY

HOULE

Une grande part des 3427kms qui constituent le littoral français est directement exposée aux houles de l'Atlantique de secteur SO à NO. Elles viennent frapper le Golfe de Gascogne, souvent sans être accompagnées par les vents forts qui ont servi à leur création à des milliers de km de là, dans l'Atlantique N. Ce qui caractérise chaque saison est moins flagrant depuis quelques années. Des changements dans les courants d'altitude ont pour conséquence des phénomènes inhabituels en Europe. Les fluctuations saisonnières des courants d'altitude influencent la trajectoire des systèmes dépressionnaires, ils sont poussés plus au sud en hiver. Les vents violents de ces dépressions forment une houle deux fois plus grosse à des latitudes plus basses. La houle qui enroule la région Bretagne est donc plus Ouest voir Sud-ouest, avec une moyenne d'environ 4m. Le contour littoral y est très découpé, ce qui permet de trouver du bon surf, dans des recoins abrité, même par très mauvais temps. Plus au Sud les grandes étendues de sable du Golfe de Gascogne sont très exposées aux vents et aux puissantes houles hivernales. Dans cette région, située entre la Charente et les Landes, il est fréquent que les beach breaks saturent. La Côte Basque, elle, est bien armée avec de vrais récifs rocheux, cette bathymétrie favorable permet d'encaisser les grosses houles d'hiver, dont la période peut atteindre 19s. On peut voir des vagues parmi les plus grosses de la planète, pouvant atteindre jusqu'à 10m+ (33 pieds). Généralement il faut s'attendre à des houles de ce type une fois par mois entre novembre et janvier. Cela fait gonfler la moyenne hivernale de la taille des vagues à 3m (13 pieds) à 13s. Les côtes méditerranéennes trop souvent ignorées sont pourtant bien dotées en hiver. Les coups de vent d'Ouest (poniente), Nord-ouest, Ouest, Sud-Ouest produisent une houle courte qui va déferler sur les côtes qui font face au vent, en gros de Marseille jusqu'en Sardaigne.

Dès que l'été arrive les dépressions ne descendent pas plus bas que les latitudes scandinaves. Cela oblige les Bretons à se rabattre sur les endroits les plus exposés faisant face à l'Ouest. Dans la Manche c'est juste… Plat ! Tout ça n'est pas que mauvais car pendant ce temps, c'est la « fête du beach break » tout le long des centaines de km de plage du Golfe de Gascogne. Les petites houles qui viennent de loin, additionnées avec la houle de vent qui se forme plus localement, produisent une grande variété de vagues. Tout le monde peut trouver son bonheur, du débutant au pro, les bancs de sables n'offrent que l'embarras du choix. Malgré tout un bon 4m (12pieds) dans l'été, ça arrive, les récifs du Pays Basque avec Guéthary remarchent momentanément. Les locaux sont aux anges, ça change des vagues molles de la période estivale autour de Biarritz. Habituellement le Sud-ouest français est reconnu comme une destination d'intersaison pour optimiser les chances d'avoir de la houle modérée et du vent léger, ainsi qu'une météo généralement clémente. C'est à cette période, fin septembre, qu'a lieu l'épreuve ASP d'Hossegor avec les tubes que l'on connaît. En automne, les statistiques sont revues à la hausse, avec de la houle de Nord-Ouest 75% du temps et 2m10 (7 pieds) en moyenne avec parfois des pointes à 6m (18 pieds). A cause d'une telle fréquence, les bancs de sable sont en perpétuel mouvement. Plus au Nord, vers la Charente et la Bretagne les houles sont un peu plus consistantes, elles cassent sur un mélange de récifs et de plages. Là-bas aussi on peut avoir du vent léger ou nul, mais la brise de mer de Sud-Ouest vient troubles-fêtes plus souvent que dans le Sud. En automne et au printemps en Méditerranée, il peut y avoir des coups d'Ouest Sud-Ouest comme en hiver ainsi que des coups de gâcher le tableau de Nord/Nord-Ouest, le Mistral, qui est le vent dominant entre les Alpes et les Pyrénées, et produit des vagues en Corse et en Sardaigne.

VENT

Dans la Manche, lorsqu'une grosse houle arrive le vent est aussi de la partie. De novembre à mars le vent est plus Sud-Ouest qu'Ouest ce qui nous donne une orientation cross off pour Etretat. Le surf dans cette région n'est bon que 25% du temps à cause des brises qui soufflent entre 30 et 60 km/h un peu trop souvent. La direction des vents dominants Sud-Ouest, Ouest, Nord-Ouest est onshore pour la plus part des côtes Françaises en hiver. A moins d'aller surfer autour de la péninsule Normande, de la Bretagne et du Finistère où il y aura toujours un endroit où le vent souffle offshore. Bien

---

Le Golfe de Gascogne est parfaitement orienté pour choper les trains de houles qui traversent l'Atlantique sur les traces du jet-stream.

The Bay of Biscay is perfectly oriented to catch the best of the swell trains that rattle across the Atlantic in the tracks of the upper atmosphere jet stream.

SWELL

Of France's 3,427kms of coastline, a large proportion is directly exposed to Atlantic swells from a SW to NW direction. These swells pour into the Bay of Biscay, often unaccompanied by the strong winds that created them thousands of kilometres away in the North Atlantic. The recognisable seasonal patterns have been less reliable in recent years, as major deviations in the upper atmosphere jet stream have brought unusual weather phenomenons to Europe. The wavering jet decides the trajectory of the low pressure systems and usually corridors twice the swell size in winter as the storms track in at lower latitudes. This produces more W or even SW swell for the Brittany region, averaging around 12ft (4m), which then envelops a twisted coastline with enough nooks and crannies to tame most unruly winter days. Further south into the sandy expanses of Biscay, the winter pulses arrive from the W-NW, easily overpowering the exposed beaches from Charente to Landes with little in the way of protection from the swell or wind. The Basque coast is well armoured with proper reef bathymetry that can take the long period (up to 19 sec), bomb swells (up to 30ft/10m) of winter and hold some of the biggest waves on the planet. Expect one of these swell events every month from Nov to Jan, which bump up the winter averages to the 9ft/3m @ 13sec range. The often overlooked French Mediterranean coast is also firmly camped in the winter pattern as it needs the low latitude storms to bash through Biscay and set-up a SW-W Poniente wind flow to bring short swell bursts to the south-facing coast from Marseille to Corsica.

Flip the summer switch and the low pressures scoot up towards Scandinavia, leaving the Brittany reefs devoid of energy, forcing the locals to head to the exposed west-facing beaches and turning the Channel spots into just that - a dead flat channel. However, it's not all bad news as summer heralds the French beachbreak party that sets up along the hundreds of sandy kilometres that trim the massive Bay of Biscay. Long distance small groundswells mix with locally generated, short-period windswell, lighting up the endless sandbars and providing a supermarket of waves for all from pro to surf school Joe. Summer doesn't discount a few bigger swells for the Basque reefs around Guethary, which often divulge some 12ft (4m) faces for the large local contingent to change up from the mushy longboard waves usually found around Biarritz in holiday season. Traditionally, SW France is seen as a shoulder season destination, hoping to get the perfect mix of moderate swell and light winds, with the ASP choosing late September as prime time for overhead barrels on the Hossegor strip. Stats back up this time of year as having up to 75% NW swell consistency that averages around the overhead 7ft (2.1m) range with spikes up to 18ft (6m) constantly rearranging the sandbanks. Further north, the sand/reef combos of Charentes and Brittany will also welcome the low wind, pristine mornings of autumn, with more consistency and bigger days than down south, but way more troublesome, onshore winds from the SW. Spring and Autumn in the Med may offer some isolated days from both winter's cycle of W-SW Poniente swells, as well as some surprisingly pushy Mistral pulses that brush past the Southern France western coast and usually aim up at Corsica and Sardinia.

WINDS

The Channel breaks can use a stiff onshore to help with wave heights and when the big swells show up, so do the winds usually. From Nov-March, the dominant winds blow more SW than straight W which is cross offshore at hotspots like Etretat. This coast struggles to post surfable days above a 25% ratio and wind speeds hover between 20 and 40mph (32-65kmh) far too often. Onshore winds often spoil the party for much of

MASUREL/AQUASHOT

CAPBRETON

que le vent souffle à plus de 30 km/h (18 nds) 70% du temps en novembre, décembre, janvier, sur les plages exposées de l'Ouest, il est toujours possible de scorer de belles sessions avec de légères brises de terre. Autour de Bordeaux, les statistiques sont meilleures avec autant de Nord-Est, Est et même Sud-Est que de vent d'Ouest. C'est alors plus une question de taille de houle et de bancs de sables propices que de clapot dans les vagues. Plus au sud vers Hossegor on commence à ressentir l'influence de la chaîne montagneuse des Pyrénées, le vent est plus Sud/Sud-Ouest à Ouest/Nord-Ouest. Cela n'est pas beaucoup mieux qu'ailleurs mais au moins là les vagues ne saturent pas. La Côte Basque qui s'étend ensuite est mieux orientée pour le vent de Sud. Les surfers de gros devront être patients pour voir coïncider une grosse rentrée de houle 7m+ et du vent soufflant en dessous de 15 kmh, ou même mieux de secteur Sud-Est ou Est. Lorsque le printemps arrive cela donne une transition moyennement heureuse pour le surf. Le vent dominant de Nord/Nord-Est, parasite la houle. Entre la Manche et l'Espagne, rares sont les sessions à 5 étoiles. Avec un peu de chance, il peut y avoir de belles sessions du côté d'Hossegor car les bancs de sable se réorganisent après le pilonnage hivernal. En général, ceux qui voyagent en Europe pour le surf évitent cette période. Tout le monde se prépare pour les belles matinées d'été, caressées par la douce brise offshore qui souffle gentiment vers les eaux tempérées du Golfe de Gascogne. Dès que la terre est bien réchauffée la tendance s'inverse et les brises thermiques s'installent pour le reste de la journée de secteur Ouest à Nord. Bien que les brises marines soient une peste, les plages des Landes fournissent des vagues sans relâche. Cela fait la joie d'une foule de pratiquants, surfant sur toutes sortes de flotteurs. En Bretagne, l'été peut être très hasardeux, mais le vent y est plus calme avec moins de Nord-Ouest et des chances de le voir souffler d'autres directions. En Manche, il est quasi impossible de surfer en été, à moins que le vent de secteur Nord-Ouest à Nord-Est souffle assez fort pour lever un clapot de taille surfable.

Les brises de mer sont de moins en moins présentes alors que l'on avance dans l'automne. La fraîcheur de cette période est favorable aux brises de terre qui coiffent la crête de vagues déferlant sur les fameux bancs de sables du Sud-Ouest. Il n'est pas rare de voir des conditions de vent calme et des journées glassy. En septembre les journées se terminent souvent avec un léger vent d'Est. Tout au long du mois, on peut recevoir des houles formées par des dépressions de moyenne latitude, elles sont le résultat de cyclones tardifs sur la côte Est des Etats-Unis. Octobre est costaud et novembre est souvent le meilleur mois avec du surf 5 étoiles depuis la Bretagne jusqu'au Pays Basque, à condition toutefois que le vent ne soit

the French coast in winter unless you are surfing the contorted peninsulas of Normandy, Brittany and Finisterre, where the dominant SW-W-NW winds will be offshore somewhere. Wind speeds exceed 20mph (32kmh) for 70% of Nov, Dec and Jan on the exposed western beaches, yet there are still opportunities to score light land breezes with E in them. Biscay suffers horribly in winter when the NW wind chases the unruly swell into the bay. However, the statistics don't lie and NE, E and even SE are as equally prevalent as the W winds around Bordeaux, so it is more a question of manageable swell size and sandbanks. Further south, Hossegor gets buffeted by more SSW to WNW winds in winter, influenced by the close proximity of the Pyrenees, but at least it has some set-ups that will handle the triple-overhead days. Turn the corner and the Cote Basque is slightly better angled for S winds, but the big wave crews have to be patient for the regular 20ft+ (7m+) swells to coincide with the rare days that see the wind drop below 10mph or switch to E,SE or S. Head into spring and it seems the whole French coast is in a messy transition as more NE days chop up the waves and and a complete dearth of 5 star surf days occurs from the Channel to Spain. There might be some good Hossegor days in May as the sandbanks emerge from their winter pounding, but spring is generally avoided by Europe's travelling masses. They are holding off for the hot summer days when morning offshores puff lazily toward the warm waters of Biscay, until the land heats up enough to reverse the flow and drive the afternoon sea breezes. These 10-20mph W to N quadrant winds may be a pest, but the Landes beachies will continue to stream the waves to a huge summer crowd riding every conceivable surfcraft. Summers in Brittany can be very hit and miss, but the winds flatten off with less NW and can come in from a wider range of directions. Channel days in summer are just about impossible, unless the NW-NE blows strong enough to raise a waist-high windchop.

These NW onshores slowly relent through the best surfing months of autumn when crisp, cool mornings can keep the offshores blowing all day and clean or even glassy conditions are common, air-brushing the famous beachbreak peaks of SW France. Days are often book-ended by light E winds and throughout September can see some late hurricane swells arrive from the US east coast and begin the procession of mid-latitude depressions spinning across the Atlantic. October will be solid and November is often the best month for 5 star surf from Brittany to the Basque country providing the wind doesn't get too frisky. Even the Med will look good in late Autumn as the Mistral fades and a more fluid mix of SW-W swell and wind arrives with the first winter lows.

LES CUL NULS, HOSSEGOR

pas trop fort. Même la Méditerranée a belle allure en fin d'automne, le Mistral se calme et les flux d'Ouest, Sud-Ouest sont plus actifs avec les premières dépressions de l'hiver.

MARÉES ET COURANTS

Il faut bien tenir compte des marées car elles sont importantes, de 9m en Manche aux alentours de 4,6m par vives eaux dans le Sud: n'oubliez pas votre calendrier des marées! De nombreux spots normands sont totalement dépendants de la marée avec des fenêtres courtes à mi-marée ou marée haute, ou parfois les vagues ont tendance à disparaître complètement à marée basse. La Bretagne aussi est affectée par ces changements constants, avec des spots qui ne sont bon qu'autour de l'étale haute ou basse. Il n'y a que très peu d'endroits pour surfer à toute heure de la marée. Les courants peuvent être extrêmement forts, tous les éléments sont réunis pour accentuer le phénomène: côte déchiquetée, fonds rocheux, goulets entre les îlots et une très grande amplitude de marée. Dans le Morbihan et en Loire Atlantique, il n'y a pas beaucoup de changement, la plus part des récifs ne marchent que quelques heures à certaines marées. En revanche les beachbreaks de Vendée et de Charente sont plus souples. Le long des immenses plages d'Aquitaine la marée n'est plus tant un problème, mais l'impitoyable courant parallèle à la plage en devient un. Il court du Nord vers le Sud à chaque fois que la houle dépasse taille d'homme. Le courant passe sur l'estran (partie de la plage qui se couvre et se découvre) à marée haute, lorsque l'eau se retire ce flot érode à 45° le banc de sable de marée basse. Cela crée cette succession de bancs de sable et de cuvettes. C'est à partir de cette structuration de la plage que se forment les fameuses baïnes. Autour d'Hossegor, ce phénomène est amplifié par une fosse sous marine qui concentre la houle. Cette fosse appelée «gouf de Capbreton» est un avantage certain en terme de qualité de vagues, grâce à une grande profondeur même tout près du rivage en plus de l'effet entonnoir de la fosse. Certains disent que Hossegor recèle les meilleurs beachbreaks de la planète. Mais attention, même si les vagues ont l'air parfaites, dès que la houle dépasse taille d'homme, le courant peut être aussi puissant que les vagues. Lors de houles moyennes, les coefficients des marées sont déterminants. A marée haute les bancs sont submergés, ce qui oblige les surfers à s'agglutiner sur les quelques vagues qui cassent à quelques mètres du rivage. Lors de très basse mer, les vagues ferment en bloc sur les bancs de sables rectilignes qui ne sont pas sculptés par les courants de marée haute. Quoi qu'il en soit, le sable étant en perpétuel mouvement, les plages d'Aquitaines offrent un terrain de jeux dynamique et il y aura toujours une bonne configuration à un moment ou à un autre. S'il fallait parier le mieux serait de miser autour de mi-marée montante ou descendante. Les courants ne répondent plus aux mêmes règles le long des récifs rocheux de la Côte Basque. Des phénomènes plus locaux peuvent être surprenants, ils sont amplifiés lors de gros coef et/ou de grosse houle. C'est dans Sud-Ouest de la France que l'eau est la plus chaude comparée au reste de la façade atlantique européenne. Cette région est protégée du courant froid remontant du Sud «courant des Canaries» qui longe les côtes espagnoles à l'Ouest.

TEMPERATURES

Cela permet à l'eau de se réchauffer jusqu'à 24°C (75°F) aux confins du golfe de Gascogne, la température moyenne étant de 21°C (70°F) pour la saison d'été. En remontant vers le Nord la température moyenne de l'eau baisse d'un ou deux degrés à chaque département, (Charente Maritime 20°C, Vendée 19°C, Morbihan 18°C, Sud Finistère 16°C). En Manche les températures sont du même ordre de grandeur qu'en Bretagne en été, avant que les influences de la Mer du Nord ne se fassent ressentir en automne. Généralement la température se maintient durant septembre et octobre et finit par chuter en novembre, environ 12°C (54°F) au Nord et 15°C (59°F) dans le Sud. A cette époque même en méditerranée la baisse est prononcée, on passe de 20-25°C à 10-15°C avec des poches d'eau plus froide en allant vers l'Ouest. Les mois les plus froids sont février et mars, on passe sous la barre des 10°C (50°F) en Manche, 10°C (50°F) autour de la Bretagne et environ 12°C (54°F) dans le Sud-Ouest.

L'Aquitaine bénéficie des eaux atlantiques les plus chaudes d'Europe, ce qui produit une légère brume lors des matinées automnales.

Biscay boasts the warmest Atlantic water temperatures in Europe so cool, autumn mornings will result in a sea mist that looks like steam is rising from waves.

TIDES AND CURRENTS

The macro-tides are a big issue across France, hitting 9m (30ft) in the Channel and diminishing to about 4.6m (15ft) on a spring tide down south, so tide tables are an essential tool. Many Normandy spots are completely tide dependent, with short mid or high tide windows of opportunity and a tendency to completely disappear at low. Brittany also suffers from this constant shifting of the goalposts with a mix of low and high tide only breaks, but very few all tide breaks. The rocks, reefs and islets can conspire with the tide to create some extreme rips and currents at certain spots and water temps get down to single figures on the Channel coast. Little changes down through Morbihan and Loire Atlantique where most of the reefs only work for a few hours at certain tides, but the beachbreaks of Vendee and Charentes are more flexible. Once the huge, straight plages of Aquitaine appear, it's not the tide that is a problem, but the fierce, north to south, longshore current that appears whenever an overhead, NW swell comes in. With no natural headlands and very few man-made jetties or breakwalls, river-like rips parallel the shoreline in high tide channels, before tearing a hole in the low tide sandbank and rushing out to deeper water, usually at a 45° angle to the beach. This is how the famous baines around Hossegor form, helped by the swell-focusing benefits of a massive submarine canyon that cuts into the floor of the Bay of Biscay, known as the Fosse de Capbreton. Swells roll down this deep, oceanic super-highway and get funneled onto the Hossegor sands, creating what many claim as the best beachbreaks on the planet. They may look perfect, but when the surf gets overhead, the accompanying rip can often be as powerful as the waves themselves. Tide co-efficient is always a factor on smaller swells, as high tide drowns the sandbanks, forcing surfers to congregate on the handful of waves left breaking, often just a few meters from the shore. A spring low won't do many favours for the wave shape as waves crumble and closeout on straight sandbars built up out back that don't always benefit from the sculpting qualities of the rips. However, being such a fluid, dynamic playing field, there are always opportunities at some point of the tide, somewhere along the extensive beaches of the SW, but either side of mid tide should be the safest bet. The rock reefs of the Basque coast break the cycle of longshore drift, but are still susceptible to some swirling currents through the larger spring tide cycles on bigger days.

TEMPERATURES

As previously mentioned, SW France benefits from the warmest water on the European Atlantic coast as it is cut off from the cold, southward-flowing Canaries Current that brings cooler water to the Iberian peninsula. This allows the water to heat up in the confines of Biscay Bay and often reach as warm as 24°C (75°F), although 21°C (70°F) is the quoted seasonal average. Head north of Bordeaux and the summer water temperature drops by a degree or 2 through each region (Charente Maritime 20°C, Vendee 19°C, Morbihan 18°C, South Finistere and Brittany 16°C), with the Channel holding about the same summer highs until the North Sea influence appears in autumn. Temperatures hold up through September and October, before plunging in Nov to 12°C (54°F) up north to 15°C (59°F) down south. Even the Med takes a dive from the mid 20s down to the mid teens at this time of year, with colder pockets the further west you go. February and March will be the coldest months, seeing single figures in the Channel, 10°C (50°F) in Brittany and around 12°C (54°F) in the SW.

POLLUTION

Basée en France, l'association Surfrider Foundation Europe fait de la sensibilisation face au problème de la pollution, tout comme SAS au Royaume-Uni, et contribue à l'amélioration de la qualité de l'eau grâce à des actions régionales et au lobbying politique. En montrant aux autorités locales que les personnes régulièrement en contact avec la mer tombaient malades plus souvent que les autres, certains efforts ont été consentis pour améliorer la qualité de l'eau, bien que ceux-ci s'arrêtent souvent au niveau requis par les directives européennes. Une nouvelle directive de l'Union Européenne sur la gestion de la qualité des eaux de baignade dite « Directive baignade » rentrera en vigueur en 2015. Les plafonds de la concentration en bactéries telles que le Escherichia coli (E.coli) et le Entérocoque on été baissés. Actuellement les taux mesurés sur 22% des plages Françaises dépassent les nouvelles normes, c'est donc la qualité de l'eau d'une plage sur cinq qui devra être améliorée. Ce sont les communes qui sont responsables pour les tests de qualité et pour l'information du public en cas de risque. Les restrictions d'accès et/ou de baignade pourraient monter en flèche, car il est plus facile d'interdire, que d'identifier la source des pollutions et d'imposer une régulation des rejets. L'application des lois environnementales est quasi inexistante. C'est pourquoi, les campagnes de tests et de communication de Surfrider Foundation sont cruciales pour informer le public si des niveaux dangereux sont atteints. Par ailleurs, Surfrider Foundation projette aussi de faire des tests de pollutions chimiques.

La législation ignore les déchets rejetés à la mer, pourtant c'est un problème qui saute aux yeux pour les usagers de la plage et les marins. Des études récentes concluent que plus de 50 millions de tonnes d'ordures sont concentrées entre la surface et 200m de profondeur dans le Golfe de Gascogne. Il y aurait 15 000 tonnes de sacs plastique en circulation à moyenne profondeur et 50 000 tonnes de ces mêmes sacs au fond. En dehors du fait que fumer est nuisible pour la santé, ajoutez au plastique les mégots de cigarette ! D'après les organisations de conservation des océans, la teneur en nicotine de 200 filtres est suffisante pour tuer un être humain. Un seul mégot suffit pour polluer 500 litres d'eau. « Les larmes de sirènes » sont des granules de plastic qui proviennent de l'industrie et de la fragmentation des déchets. Ces granulés sont rentrés dans la composition de la sédimentation sur les plages. On en trouve dans le système digestif de tous les animaux marins. En plus de cela ils dégagent aussi de nombreuses substances chimiques toxiques. La pollution provient aussi des ordures ménagères. Des déchets, comme les cotons tige, passent facilement au travers des trieuses à « macro-déchets » dans les usines de traitement et finissent en quantités énormes sur les plages. Pour illustrer concrètement comment les déchets plastiques affectent la faune sauvage, Surfrider a répertorié le contenu de l'estomac d'une tortue marine : une semelle de chaussure, des lunettes de piscine, des morceaux de plastique et de caoutchouc, des larmes de sirènes, des morceaux d'éponge synthétique, des bâtonnets de coton-tiges, des bouteilles, cordelettes, sacs, et de la corde en polypropylène. Cela montre l'impact direct de ce que nous jetons à la poubelle. Les initiatives comme le nettoyage des plages, labellisé « Initiatives Océanes », dirigé par SFE ne peuvent être que positives.

La pollution de l'eau sur les côtes en France provient de nombreuses sources, domestique, agricole, industrielle et nucléaire, sans parler des deux récentes marées noires dont on a beaucoup parlé et dont l'ampleur a été catastrophique. L'Eurika a laissé échapper en mer ses 14000 tonnes de fioul lourd numéro 6, recouvrant les plages de Bretagne à la Gironde d'une épaisse couche de pétrole toxique. Plus récemment, en faisant naufrage au large de la Galice, le Prestige a saccagé les écosystèmes côtiers jusqu'en Normandie, entraînant des fermetures de plage et une forte pollution le long du Golfe de Biscaye. Les autorités firent appliquer les interdictions d'aller sur la plage sous peine d'amende, et même une interdiction généralisée d'entrer dans l'eau quand il y avait trop de galettes de pétrole ou quand la marée noire attirait trop l'attention des médias. La campagne « STOP OIL SPILL » (arrêt des rejets pétroliers), est un appel pour un moratoire autour de tous les forages pétrolier «off shore» en Europe. Cette campagne est dirigée par Surfrider Foundation Europe, en partenariat avec Corine Lepage, député au Parlement Européen et d'autres associations.

POLLUTION

The French-based Surfrider Foundation Europe has increased pollution awareness and is forcing the improvement of coastal water quality through regional initiatives and political lobbying. Convincing local authorities that year-round ocean water users were getting ill more often than non-users has led to improving water quality, although not to a level beyond that required by European law. A new European Bathing Directive is due to come into force in 2015, which will push as many as 22% or 1 in 5 of all French beaches to fail the new test for e coli and intestinal enterococci, as the current threshold values have been lowered. Local councils are responsible for the water quality testing and informing the public of any risks, meaning beach closures will rocket as this is far easier than identifying and reducing the source of the pollution. Enforcement is virtually non-existent, so Surfrider's testing program is crucial to help alert the public when dangerous levels of bacteria are present. Testing of other types of pollution including chemical contamination is in the pipeline, so to speak.

Legislation overlooks marine litter, yet it is a glaringly obvious problem for sailors and beach-goers alike. Recent studies have concluded that more than 50 million tons of trash have been found between the surface and 200m down in the Gulf of Gascogne; 15,000 tons of plastic bags circulate there at mid depth; and 50,000 tons of the same plastic sacs rest on the ocean floor at the bottom of the Gulf. Add cigarette butts, which according to estimations by Ocean Conservancy, the nicotine level held in 200 filters is sufficient to kill a human and one butt alone has the capacity to pollute 500 liters of water, rendering it unsafe to consume. Mermaid's tears (waste plastic pellets from manufacturing) have become a composite part of the beach sediment and can be found in the digestive systems of sea life. They are also the carriers of numerous toxic chemicals. General household waste like cotton bud sticks are an increasing problem as they easily get through the macro-waste screens at the sewerage plants and end up on the beach in huge numbers. To graphically illustrate how this plastic trash is affecting wildlife, Surfrider have catalogued the contents of a sea turtle's stomach - the sole of a shoe, swimming goggles, pieces of plastic and rubber, mermaid's tears, synthetic sponge, plastic sticks, bottles, straps, bags, wrappers and a polypropylene cord! This shows the direct impact Surfrider's beach cleanups, coined Ocean Initiatives, can have on the beach environment and the local fauna.

French inshore water pollution takes many forms, including agricultural, industrial, nuclear and domestic, plus there has recently been two high-profile catastrophic oil spills. The Eurika shed its load of 14000 tonnes, leaving beaches from Brittany to Gironde with a thick, toxic, blanket of heavy fuel oil #6. More recently, the Prestige sinking off Galicia in Spain devastated coastal environments as far away as Normandy, causing beach closures and severe pollution throughout the Bay of Biscay. Authorities enforced beach closures and a blanket ban on entering the water when

PAPETERIES DE GASCOGNE. MIMIZAN

MASUREL/AQUASHOT

Le type et le degré de pollution de l'eau varient selon chaque région. La Manche est extrêmement polluée par les produits pétro-chimiques, le pétrole et les rejets en mer occasionnés par le fort trafic maritime. La Normandie compte plusieurs centrales nucléaires, tandis que les taux de nitrate sont excessivement élevés dans les fleuves côtiers de Bretagne. La Surfrider Foundation Europe utilise l'imagerie satellite pour identifier les navires qui jettent ou déversent impunément des déchets en mer. D'après la logique « pollueurs payeurs » les fautifs devront verser des compensations financières en guise de réparation. 90% des biens sont transportés par voie maritime, le trafic ne cesse d'augmenter avec les risques qui y sont liés. Le trafic maritime est responsable de 20% des émissions mondiales de gaz à effet de serre. La pollution pétrolière en milieu maritime provient à 95% des dégazages sauvages. Ajoutons à cela les peintures toxiques pour la coque et les poubelles jetées par-dessus bord. La Normandie compte plusieurs centrales nucléaires, les travaux pour l'extension de la jetée de la nouvelle centrale en construction à Dielette, va détruire une gauche sympathique. En Bretagne, le niveau de nitrates dans les cours d'eau est excessif, et, par conséquent, dans les fonds marins. Un incident dans une station d'épuration de la péninsule de Crozon a attiré l'attention sur ce type de pollution. La station a « accidentellement » déversé ses eaux usées juste en amont de la plage de La Palue. Facebook est maintenant utilisé couramment pour alerter les locaux en temps réel. Les réseaux sociaux seront un outil utile pour l'avenir. Un important dragage devant Quiberon a été arrêté grâce aux protestations de SFE. En effet, un risque d'aggraver l'érosion ainsi que le déplacement de sédiments toxiques ont obligé les autorités locales à retirer les permis. Sur la grande zone sableuse de la baie de Biscaye qui s'étend des Charentes aux Landes, on trouve surtout des petits villages côtiers et des résidences secondaires, et en été stations d'épuration et fosses septiques ont du mal à s'adapter à la foule des touristes. La sylviculture et l'industrie du bois sont aussi très présentes ici, et la France a longtemps permis aux zones rurales les évacuations à ciel ouvert pour les eaux usées.

C'est toujours le cas, malgré la construction de deux nouvelles stations d'épuration pour traiter les 70.000 m3 d'eaux usées quotidiennement. Ces effluents sont rejetés à seulement 400m de la plage, au bout de la jetée de La Salie, un spot de surf populaire. Les plages de Biscarosse sont constamment envahies d'eaux noires et de mousses marronâtres, le tout ayant une à odeur nauséabonde. La faute au type de traitement des eaux, qui n'est pas prévu pour les composants chimiques comme ceux que l'on trouve dans les produits ménagers. L'ensemble du système n'a pas la capacité de purifier la « tempête de merde » de l'été, en plus des rejets industriels. L'exploitation forestière et l'industrie du bois sont des activités intensives dans la région landaise, il est donc facile d'expliquer la provenance d'amas de bois aux embouchures des fleuves comme au Courant de Huchet ou à Moliets. Par contre il est plus compliqué d'expliquer d'où viennent les larmes de sirènes et les milliers de mini-filtres plastique. Des enquêtes sont menées autour de deux sites, l'usine DRT (Dérivés Résinifères et Terpéniques) à Vielle-St-Girons et la fabrique de papier de Mimizan. Depuis les odeurs dégoûtantes jusqu'aux rejets en mer, il est difficile d'établir des preuves de l'origine du plastique. En dehors de cela on trouve des cadavres d'oiseaux marins proches de l'émissaire de la station privée qui traite les rejets de l'usine de St Girons.

Bien que la législation soit en train de changer, on risque toujours d'attraper des infections en surfant à l'embouchure des rivières où les quotas de bactéries sont souvent dépassés, à cause de rejet d'eaux non traitées. C'est régulièrement le cas sur la côte Basque, notamment du côté de la plage de l'Uhabia à Bidart où un bassin versant pose problème (construction en 2012 d'une porte à clapets et d'un émissaire pour rejeter plus au large). Le golf d'Ilbarritz à été pris en flagrant délit de rejet de pesticides et d'herbicides directement dans les gouttières. Ces dernières s'évacuant dans un ruisseau qui coule à travers la plage, puis direct dans les vagues. Un coût supplémentaire pour la nature et les hommes pour un sport qui est déjà chargé. De petits morceaux de plastique circulaires appelés médias filtrants ou «camemberts» se retrouvent échoués partout sur les côtes Françaises. Des bactéries sont déposées sur les camemberts

Les falaises sédimentaires de Biarritz risquant constamment l'effondrement sous les assauts de l'érosion, la ville renforce les plages nord et sud depuis plusieurs décennies.

The crumbling sedimentary cliffs of Biarritz are under constant attack from erosion and the city has been armouring the beaches to the north and south for decades.

---

the thick deposits appeared or when the media were focused on the problem. STOP OIL SPILL campaign is a powerful call for a moratorium on all offshore drilling in Europe, driven by Surfrider Foundation Europe, alongside Corinne Lepage (MEP) and other associations.

Different regions experience different types and degrees of pollution. The Channel is extremely polluted with petrochemicals, oil and sewage discharges from heavy shipping traffic. SFE has been using satellite technology to identify ships that ignore the laws and dump waste with impunity, calling for "polluter pays" remedies in all courts. Maritime traffic is exploding (90% of all goods transported by sea) along with the related pollution risks. Oil pollution (95% coming from random oil releases), greenhouse gases (20% of worldwide emissions), certain types of paints used on boats and general waste released overboard. Nuclear power stations are sited in Normandy, and a new plant being built in Dielette will destroy a fun lefthander by building a dock extension. Brittany has excess nitrate levels in sea-bound watercourses, highlighted by an "incident" in a purification plant, where untreated sewage was discharged into the creek upstream from La Palue Beach on the Crozon peninsula. Facebook is now being used to alert the locals in real time and will be a handy tool in the future. Massive dredging just offshore Quiberon has been stopped by SFE protests as new erosion and displacement of toxic sediments forced the local officials to withdraw the permits. The sandy expanse of the Bay of Biscay from Charente Maritime to Landes has long been a region of small coastal villages and holiday homes so when summer crowds arrive, the basic sewage and septic systems struggle to cope.

This is still the case, even after 2 new treatment plants were built to treat the 70 000m3 of daily effluent that discharged a mere 400m from the beach at La Salie pier, a go-to surf spot. The black water, brown froth and nauseous smells haven't stopped invading Biscarosse Plage, as treatment does not deal with the chemical compounds such as those found in cleaning detergents. The whole system does not have the ability to handle the summer "shit storm" and regional commercial effluents. The forestry and timber industries are big, so it is little wonder that massive piles of wood build up at rivermouths like Courant d'Huchet at Moliets, however explaining where the thousands of plastic mini filters and mermaid's tears came from is more difficult. Investigations into the foul smells around both the DRT factory at Vielle St Girons and the Mimizan paper mill point towards industrial effluents being dumped in the ocean, but evidence of the origin is hard to acquire, despite dead sea birds being found near the St Girons privately treated waste outfall.

France has long used open drains for grey water in rural areas and although legislation is changing, surfing near rivermouths is risking infection. The Basque coast regularly exceeds the bacteria quotas, with polluted run-off found in the watershed behind Bidart. Ilbarritz golf course got caught red-handed, dumping chemical pesticides and weedkillers directly into the gutters, which drain into the stream and flow straight across the beach into the surf - an added cost to an already expensive sport that charges a high price of people and the environment. Small, circular pieces of plastic called filter media (or "camemberts") that are used to purify waste water are washing up all over the French coast. Bacterias are fixed onto the filter media and placed in a filtration pool where they digest organic matter present in waste water. These modern filters are designed to purify, but paradoxically, have become a pollutant themselves and attempts to identify the source is proving elusive. Theories include lost cargo at sea, escaped from water-treatment plants, inland streams or by the natural currents which bring up so much waste from the Portuguese and Spanish coast. The Med is constantly suffering under the huge weight of shipping and catching oil slick polluters like the Erika is helped by maritime police

GRANDE PLAGE

en plastique, qui sont ensuite placés dans les bassins de filtration, là les bactéries digèrent la matière organique présente dans les eaux usées. A la base ces filtres modernes sont prévus pour purifier mais paradoxalement, ils sont devenus polluants. Tenter d'en identifier la provenance s'avère complexe. Il y a différentes théories quant à leur origine : des conteneurs perdus en mer, les stations d'épuration, les fleuves ou le courant qui remonte le long du Portugal et de l'Espagne qui se charge en déchets sur son parcours.

ÉROSION

Les infrastructures construites par l'homme comme les étendues portuaires, les brises lames, les jetées, les digues et le développement de tous les moyens commerciaux sont des facteurs de pression sur des ressources côtières limitées. L'urbanisation de la bande littorale est croissante et surdéveloppée, avec une population qui va doubler d'ici à l'horizon 2050. Toutes ces infrastructures humaines ont un impact sur le fragile équilibre de la zone côtière. Même lorsque des structures sont enlevées personne n'a pu constater un retour total à l'état naturel « normal ». Par conséquent, il faut tenir compte de la menace que représentent les constructions côtières, elles doivent être évalués et limités. Les deux tiers des zones humides ont été rayés de la carte depuis le début du 20ème siècle. Elles sont pourtant un filtre naturel et un moyen de contrôle de l'érosion.

Il y a quelques digues et autres protections artificielles ici et là le long de la Manche, mais la Bretagne reste largement épargnée par les tentatives de lutte contre l'érosion par des enrochements, malgré des amplitudes de marée parmi les plus importantes au monde. Le port de Saint-Nazaire, en expansion, va obtenir l'autorisation de rallonger les quais de 500m et de construire une plate forme sur 51 hectares, située sur l'habitat fragile d'oiseaux protégés. La construction d'un brise lame met en péril une vagues populaire à la Tranche-sur-Mer, SFE a imposé la destruction d'une construction préliminaire illégale, mais la pression est toujours là. Saint-Gilles-Croix-de-Vie est l'un des meilleurs spots de surf de Vendée. Tous les deux ans la marina comptant 1000 places est draguée. Le limon pollué est déposé directement sur la plage par un chenal entre Octobre et Avril. Les déversements ont mené à une interdiction de pêche et de toute activité aquatique aux abords du chenal. Les locaux disent que la vue du

spotter planes. Degassing is a common, illegal practice and 12 ships have been caught in the last 8yrs in the Med alone and Surfrider aid the civil courts to ensure large fines are handed out. Marseille is a pollution black spot, with lots of problems around the port and constant trash arrival to beaches like Huveaune's beach under Mistral conditions.

EROSION

Harbour expansions, breakwaters, jetties, seawalls and all manor of commercial developments are putting pressure on the finite coastal reserves. The littoral strip is becoming increasingly urbanised and over-developed, with coastal populations forecast to double by 2050. All these structures have some impact on the fragile balance of the coastal zone and even when they are removed, a return to a natural state is unheard of. Therefore, artificial shoreline structures are a major threat and coastal development must be measured and minimised. Two-thirds of European wetlands, mostly coastal, have vanished since the start of the 20th century, removing a natural filter and erosion control zone from the map.

There are some scattered jetties and armouring along the Channel, yet Brittany remains largely unadulterated with erosion control constructions, despite some of the biggest tidal ranges on the planet. The large port at Nantes Saint Nazaire is seeking permission to expand quays by 500m and build a large 51 hectare platform in a sensitive habitat for protected birds. Construction of a breakwall threatens the user-friendly wave at Tranche-sur-Mer, where SFE forced illegal preliminary construction to be removed, but it remains under threat. Saint-Gilles-Croix-de-Vie is one of the best surf spots in Vendée, yet every two years, the thousand berth marina is dredged and polluted silt is deposited via a channel, directly onto the grand beach between October and April. The dumping has led to a ban on fishing and all water based activities in the area of the channel, where locals say it looks bad, smells worse, plus boards and wetsuits get covered in gooey muck. Down in Gironde, a new gas terminal inside the estuary at Le Verdon will take out a popular sheltered spot and kite-surfing location, while proposals to extend Betey's marina threaten to destroy up to one-third of the beach inside Arcachon Bay. Cap Ferret is suffering from pollution associated with tons of scrap iron and cement left to rot in the water from the aquaculture industry, causing a hazard for swimmers and boaters.

LA CORSE

La Corse a beau être posée sur une couche rocheuse ultra dure, la construction de ports et de marinas vient de plus en plus souvent menacer de bons spots de surf.

Corsica is built on ultra-hard plutonic rock, but harbour and marina construction is on the rise, threatening some good surf spots.

---

canal est répugnante, l'odeur est pire encore et les planches ainsi que les combinaisons se couvrent d'une boue gluante. Plus bas en Gironde, un nouveau terminal de gaz à l'intérieur de l'estuaire va détruire un spot de surf abrité bien connu, ainsi qu'un lieu de pratique du kitesurf. Pendant ce temps une proposition d'extension de la marina de Betey menace de détruire jusqu'à un tiers de la plage dans le Bassin d'Arcachon. Le Cap Ferret souffre de la pollution, et en plus, des tonnes de ferrailles et de blocs de bétons provenant de l'aquaculture sont des dangers pour les nageurs et les plaisanciers.

L'Aquitaine à une côté sableuse du quaternaire, longue de 237 km la plage s'étend de la Pointe de Grave à Anglet. C'est une plage sableuse macrotidale à barres, construite par les sédiments dérivants le long de la côte, et protégée par un système dunaire qui fait des kilomètres de large et plus de 20m de haut. Le sable du Golfe de Gascogne est en mouvement constant à cause des courants et des tempêtes qui remodèlent en permanence le trait de côte. Heureusement, peu d'interventions ont été réalisées - mais il faut dire que là où il y a des jetées, il y a aussi de bonnes vagues en général. L'entrée du port de Capbreton en est un bon exemple, bien qu'un dragage récent ait enlevé du sable sur certains spots et en ait trop réensablé d'autres. Les conséquences à long terme sont encore mal connues, mais on peut s'inquiéter des quantités de déchets et de substances chimiques présentes dans les boues du dragage. Les programmes de stabilisation de la dune à grande échelle peuvent interrompre le transit naturel de sable, privant les spots de leur apport naturel et contribuant au raidissement du profil de la plage sur la ligne de marée haute. Cela signifie à terme que les petites houles ont plus de mal à déferler à marée haute. Cette théorie contredit la position de SFE à ce sujet. Au cœur du pays du surf à Seignosse, la vitesse d'érosion naturelle est accélérée à cause des inconscients qui ne respectent pas les zones délimitées de stabilisation des dunes. Le canyon sous-marin qui concentre la houle vers Capbreton est le résultat de millions d'années d'érosion exercée par l'écoulement de l'Adour. Au XVIIIe siècle, Napoléon fit détourner la rivière vers Bayonne, pour créer un port plus sûr protégé de la houle incessante de la côte landaise. Avec le bétonnage de l'embouchure à la fin des années 60 et le rallongement les jetées ensuite, le spot worldclass de La Barre disparut pour laisser place à quelques rares pics avec du backwash. Les plages d'Anglet sont elles aussi hérissées d'épis rocheux et annoncent le début du relief plus rocailleux de la Côte Basque avec des falaises qui datent du tertiaire et du crétacé. Au cours des deux derniers siècles de nombreuses structures de protection ont été mises en place pour protéger les falaises (piliers de soutènement, digues, palissades, béton projeté). Toutes ces tentatives ingénieuses pour arrêter l'érosion ne tiennent pas dans la durée sans maintenance. De gros

Aquitaine is a Quaternary sandy coast, 237km long (from Pointe de Grave to Anglet), composed of sandy ridge-and-runnel beach systems, built by the longshore sediment drift and backed by large dune systems that are several kilometres wide and over 20m high. These sands of Biscay are in a constant state of flux as currents and storms constantly rearrange the shape of the beach. Fortunately, there is little in the way of intervention and where there are jetties, there are usually great waves as well. The entrance to the Capbreton harbour is an example, although recent dredging activities have temporarily starved some breaks of sand and over-fed others. Long-term effects are unknown, but there is legitimate concern over the amount of waste and chemicals in the dredging spoils. Extensive dune stabilisation programs may be interrupting the natural sand circulation patterns, starving the line-up of sand and contributing to an apparent steepening of the beach at the high tide line. This means small swell, high tide sessions are more unlikely. This theory contradicts the SRE stance in the surfing heartland of Seignosse, where the natural erosion rate of the coastal dunes is being accelerated by thoughtless individuals entering the fenced off areas of stabilisation. The submarine canyon that funnels swell into Capbreton is the result of eons of erosive forces from the flow of the river Adour. During the 18th century, Napoleon re-directed the river to Bayonne, in an effort to create a safe harbour from the incessant waves. Armouring the new rivermouth in the late '60s and then further jetty extensions, have altered the world-class La Barre beachbreak, resulting in a rarely breaking, backwashy set of peaks. Anglet bristles with groynes and heralds the beginning of the rocky tertiary and cretaceous cliff geology of the Basque coast. Over the past two centuries, many protective structures have been installed to combat cliff movement (like base abutments, palings, seawalls, shotcrete) and all these engineered attempts to halt the erosion require regular maintenance. Large chunks of sedimentary cliff have recently broken off the Biarritz cliffs, indicating a relentless erosion problem that may have been exacerbated by the armouring to the north. Apart from the sandy western end of the Med coast, most of the Southern France coastline is a mix of soft and hard rock while just about all of Corsica is ultra-hard plutonic rock. This hasn't stopped coastal armouring and the construction of harbours, ports and marinas to cater for the huge number of pleasure vessels. Almost 50% of the artificially protected coastline of the country continues to erode, making France one of the least successful countries at controlling erosion. Despite all the harbours and jetties, there are relatively few good waves that are reliant on these structures.

SURFRIDER FOUNDATION

Surfrider Foundation Europe a été créé en France en 1990 par une communauté de surfers de Biarritz (Tom Curren en tête), et a depuis nettement étendu son action en développant 42 antennes locales actives dans toute l'Europe. Comme pour Surfrider Foundation aux États-Unis, les missions s'articulent autour de la défense, la sauvegarde, l'amélioration et la gestion durable des océans, du littoral et bien entendu des vagues. Les actions de Surfrider Europe rassemblent des sympathisants, volontaires et adhérents Européens de tous horizons mais ayant une passion commune pour l'élément aquatique, et de fait l'association étend également ses actions aux lacs et rivières. Il y a plus de 100 millions de personnes qui pratiquent des activités nautiques : surfers, nageurs, windsurfers, kitesurfers, pêcheurs, plongeurs... et bien sur tous les amoureux de l'océan. Surfrider s'attèle à mobiliser ces communautés au travers d'actions locales concrètes. Surfrider Foundation est un réseau mondial d'organisations régionales et d'antennes locales présent sur tous les continents (États-Unis, Europe, Japon, Australie, Amérique latine et Afrique). Son action a débuté dès 1984 à Malibu en Californie, où les surfers souhaitaient protéger leurs spots de surf préférés de la pollution.

Surfrider Foundation Europe was created by surfers in 1990 in Biarritz, France and has maintained a strong French influence as it has expanded to include 42 local chapters throughout Europe. Like the US mothership, mission statements revolve around defending, saving, improving and sustainably managing the ocean, coastline and of course the waves. These days, even lakes and rivers are appearing on the radar as Surfrider brings together Europeans from all walks of life with a common passion and dedication to both salt and fresh water. They are a large slice of the global ocean community that represents more than 100 million persons practicing nautical activities: surfers, swimmers, windsurfers, kiteboarders, fishermen, scuba divers...or simply ocean lovers and Surfrider loves nothing more than mobilizing these groups into local action. Surfrider Foundation is a global network of regional organizations and local chapters present on every inhabited continent (USA, Europe, Japan, Australia, Latin America, Africa). It started in 1984 in Malibu, California, where surfers aimed to protect their favourite surf spots from local pollution.

ÉDUCATION | EDUCATION

Parallèlement à son objectif évident de protection et sauvegarde de l'environnement, Surfrider souhaite généraliser les comportements et gestes écocitoyens. Cela passe par l'éducation et la sensibilisation des enjeux écologiques auprès du grand public et à travers les médias. Surfrider Foundation Europe est une des rares organisations dont les programmes d'éducation pour la protection de l'environnement ont été reconnus et approuvés par le gouvernement français (Ministère de la Jeunesse et des Sports). À ce jour, Surfrider est intervenue auprès de plus de 120.000 écoliers soit directement dans leurs classes via des professeurs relais utilisant les outils et méthodes pédagogiques de l'association pour leur animation de cours, soit via l'exposition itinérante « Vagues & Littoral » et les interventions pédagogiques des antennes. Egalement, plus de 84.000 adolescents ont été sensibilisés au lien entre sport et nature à travers la pratique d'une activité sportive, ou impliqués dans l'organisation de plus de 2 000 opérations «Initiatives

Océanes» qui rassemblent chaque année près de 88 000 volontaires pour un grand nettoyage des plages. En 2001, Surfrider était présente sur environ 700 rassemblements ayant impliqué plus de 120.000 personnes. La communication virale joue aussi un rôle important. La prise de conscience des enjeux environnementaux est la première étape pour arriver à changer le comportement des gens. Aussi les personnes sensibilisées prendront alors plus facilement le relais localement en organisant des actions, qui permettront à tous les « utilisateurs » de l'océan de s'impliquer dans des projets qui les concernent directement, dans les lieux qui comptent pour eux. En résulte une communauté d'individus sensibles à la préservation de l'océan, des vagues et du littoral, qui n'hésite pas à prendre des responsabilités et élaborer des stratégies pour la préservation de l'environnement côtier.

Besides the obvious aim of protection, the other crucial factor to the Surfrider ethos is education and raising awareness of the issues among the wider public and media. Surfrider Foundation Europe is one of the few organizations that have managed to get the French Government (Ministry for Youth and Sports) to acknowledge and approve its education programs for environmental protection. So far, over 120,000 young school children have been reached, either directly in their classes, or through the "Waves and Coasts" travelling exhibition put on by SRFE branches. Another 84,000 young people taking part in sports have been taught how to make the connection between sports and nature and how to get involved in any of the 2000 Ocean Initiatives programs (beach cleaning, etc) or the 700 Gatherings (paddles, family days, etc) that involved nearly 120,000 people over 2011. Heightened awareness is the first step to changing people's behaviour, which in turn increases local activism and allows all ocean-users to get involved in projects that directly affect them, at the places that matter to them. This builds a community of like-minded individuals who have the interests of the ocean, waves and coasts as a top priority and are empowered to take responsibility and help develop a strategy for preserving the coastal environment.

LOBBYING

Grâce aux divers efforts de lobbying menés au niveau local, national et européen, Surfrider est devenue une entité respectée faisant maintenant le pont entre les décideurs (Ministère de l'Ecologie et du Développement Durable) et les intérêts vitaux de la protection du littoral. Le lobbying est un travail à long terme, il cible les personnes qui ont une influence réelle : ministres, députés, membres du Parlement Européen mais également les industriels qui errent dans les couloirs des institutions à Bruxelles. Le lobbying est essentiel, car il permet de faire entendre les voix des membres et bénévoles aux législateurs européens. Surfrider Foundation Europe a mis en place 5 laboratoires d'analyse des eaux : au Finistère, en PACA, au Pays Basque, en Midi-Pyrénées et à Oléron. Les 3344 analyses réalisées sur 57 sites ont permis de résoudre 3 problèmes de pollution, et d'en mettre à jour 9 autres, faisant actuellement l'objet d'enquêtes ! L'association emploie 34 personnes à plein temps, réparties entre le siège européen de Biarritz, les 2 bureaux de coordination (Atlantique Sud et Méditerranée), et les 4 bureaux locaux (Campus Surfrider, Grande-Bretagne, Bruxelles et Oléron).

Through various lobbying efforts at local, national and European levels, Surfrider has become an authoritative voice on the state of the coastline and is now an accepted bridge between policy-makers (Ministry for Ecology and Sustainable Development) and the vital interests of coastal protection. Lobbying is a long-term job, targeting those who have a real influence: ministries, deputies, members of parliament and also the industrials that wander the corridors of power in Brussels. This is a crucial part of giving members and volunteers their voice in the ears of the European law-makers. Surfrider Europe has set up 5 testing laboratories: Finistère, PACA, Basque Country, Midi-Pyrenees & Oléron. They have taken 3344 analysis of 57 sites, with 3 pollution issues solved locally and another 9 under investigation! SRE has 34 permanent staff distributed between 1 European headquarters (Biarritz), 2 Euro- regional coordinating offices (South Atlantic, Mediterranean), and 4 local offices (Campus Surfrider, Britain, Brussels and Oléron).

ENVIRONNEMENT

Avec un programme scolaire de protection de l'environnement approuvé par le gouvernement français, SFE fait de l'éducation le fer de lance de son combat. Nettoyage de plage. Cavaliers.

The French Government approved SFE's environmental protection program in schools, putting education at the centre of the Foundation's fight. Beach clean, Cavaliers.

MASUREL/AQUASHOT

Événements majeurs du lobbying | Notable lobbying events

www.surfrider.eu/fr/environnement-actions-locales/lobbying.html

www.surfrider.eu/en/environment-local-actions/lobbying.html

FINISTÈRE

blocs de roches sédimentaires sont tombés récemment des falaises de Biarritz, ce qui témoigne d'un problème d'érosion continu qui semble avoir été aggravé par les protections artificielles réalisées au N. Mis à part le côté O de la côte méditerranéenne, la majorité des côtes françaises est un mélange de roches dures et tendres, alors que l'ensemble de la Corse est constituée de roches plutoniques très dures. Ceci n'a pas empêché le renforcement artificiel des côtes ni la construction de marinas et de ports en tous genres pour accueillir l'énorme masse des bateaux de plaisance. Près de 50% des côtes protégées artificiellement dans le pays continuent à s'éroder, ce qui fait de la France un des pays qui a le moins bien réussi dans la lutte contre l'érosion. Malgré les ports et les digues, il y a relativement peu de vagues valables créées par ces constructions.

ACCÈS

L'accès au littoral est assez facile, car il n'y a aucune plage privée sur la côte atlantique et de nombreux chemins d'accès dans la plupart des départements. Une base militaire de sous-marins nucléaires occupe une grande zone interdite d'accès sur la péninsule de Crozon et utilise de temps en temps une portion de plage pour des exercices de tir. Des falaises en bord de mer et les zones appartenant aux agriculteurs peuvent également empêcher l'accès aux spots dans le N. La grande forêt de pins cultivée dans le S est quadrillée de pistes mais il est interdit d'y passer en voiture, donc il vaut mieux marcher sur la plage pour trouver son spot. Le dernier autre obstacle peut venir d'une interdiction d'aller à l'eau sous peine d'amende si du fioul provenant de l'épave du Prestige venait à refaire surface et envahir une nouvelle fois les plages de la côte. La plupart des spots en Méditerranée françaises sont faciles d'accès. Il y a aussi des plages appartenant à de grands hôtels et des propriétés privées, mais elles sont en général situées loin des zones de surf. Un des plus gros problèmes est de se garer devant les spots, surtout les reefs qui marchent assez rarement et qui sont rapidement envahis de voitures quand c'est bon. Soyez prêts à mettre la main au porte-monnaie pour les parcmètres quelle que soit la période de l'année dans les villes, grandes ou petites. En Corse, il est parfois assez long de rejoindre certaines parties de la côte à cause du relief montagneux et du manque de routes. Parmi les dossiers que défend Surfrider Corse, ceux qui touchent à la « conservation du littoral » sont les plus nombreux. En accord avec le (PADDUC) Plan de développement urbain durable en Corse de nombreux projets de construction sensibles ont vu le jour. Certaines mairies prennent ce plan comme alibi pour sur développer la zone côtière très lucrative. Grâce à l'opposition citoyenne, de nombreux projets malsains comme des villages vacances, des marinas, des villas de luxes pour personnes riches et célèbres des golfs… Ont été mis en attente par les autorités locales. Malheureusement lors de sa visite M. Sarkosy a soulevé le problème ce qui laisse à penser que ce type de lutte n'est pas prête de s'arrêter.

DANGERS

Courants traîtres, shorebreaks redoutables, marées extrêmes et des vagues parmi les plus grosses en Europe: la France figure sans aucun doute sur la liste des pays où la mer remue beaucoup. Alors que les médias montrent un mois de septembre chaud et sensuel avec une orgie de tubes lors des compétitions, en plein hiver les beachbreaks saturent souvent et les reefs de la Côte Basque sont bombardés par des swells énormes. Le visiteur devra alors à la fois affronter l'eau froide, les courants latéraux, des reefs qui ne pardonnent pas et des locaux hardcore. Il faudra se méfier de certaines méduses urticantes, il y a aussi des puces de mer et des bancs d'algues rouges qui arrivent parfois en masse. Les attaques de requin sont quasiment inexistantes. On peut dire qu'avec seulement 4 attaques de requin et un seul décès depuis le début des statistiques, il est vraiment très peu probable d'avoir des ennuis de ce côté-là. Les meilleurs spots cassent souvent dans peu d'eau, attention également aux courants. Il y a aussi souvent des bancs de méduses, mais c'est surtout en été quand c'est flat. Les plages sont bien surveillées en général mais il faut faire attention dans les endroits plus isolés.

ACCESS

French coastal access is fairly good, with no private beaches on the Atlantic coast and adequate access paths in most départments. French nuclear submarine bases occupy a large out of bounds area of the Crozon Peninsula in Brittany, and the military use the odd stretch of beach for target practice. Cliffs and private farmland may be an obstacle to getting to the surf in the northern regions. The large managed pine forests of the south are latticed by trails but it is not permitted to drive on them, so long walks along the beach are the safest option. The only other hurdle may be police-enforced surfing bans if fresh oil surfaces from the wreck of the Prestige and inundates the Biscay beaches again. The Mediterranean is massively urbanised with concrete structures covering 50% of the coastal real estate cutting down access and changing erosion and accretion patterns. There are some private beaches associated with big hotels and exclusive properties but these are usually far from the surf zones. Parking is one of the biggest problems especially at some of the better reefbreaks that only work occasionally and see a surf vehicle invasion on good days. Be prepared to fork out for meters that are year-round in the cities and towns. On Corsica, the mountainous terrain and lack of roads often means getting to some stretches of the coast can be a mission with long travelling times. Corsica has also been targeted for intense coastal development that would swallow remarkable natural sites and the local SRE chapter continues to campaign for an extensive network of coastal paths. Surfrider Corsica have more "Keepers of the Coast" cases open than any other chapter. Under the Plan for Sustainable Urban Development in Corsica (PADDUC), multiple construction projects emerged and certain councils saw it as a license to over-develop the lucrative coastline. Holiday villages, hotels, golf courses, marinas and expansive private villas for the rich and famous have been planned and so far, local opposition has forced the Local Authority to put a hold on many of the obviously unsound developments, but with Sarkozy raising the subject on his last visit, this fight has a long way to go.

HAZARDS

Treacherous rips, savage shoredump, extreme tides and some of Europe's biggest waves put France firmly in the heavy water category. While the media portrays warm, sensual, beachbreak barrels during the September competition orgy, mid-winter sees the beaches closed-out and the Basque reefs bombed out by huge Atlantic swells. Cold water, longshore current and some unforgiving reef conspire with hard-core local crews to challenge the off-season visitor. Water-borne hazards include man-o-war, sea lice and occasional red-tide algal blooms. Shark attacks are almost unheard of. It's safe to say with a total of four shark attacks and one fatality since records began, getting bitten in the French Med is highly unlikely. A lot of the better waves are over shallow reefs and currents can be a factor as well. Swarms of stinging jellyfish are regular visitors to these shores, but usually in summer when it's flat. Coastal rescue services are widespread throughout the country, but more care should be taken in remote locations.

CULTURE SURF SURF CULTURE

HISTOIRE

En 1956 le scénariste Peter Viertel était sur la Côte Basque pour tourner une adaptation de The Sun Also Rises, une nouvelle d' Hemingway. Etonné par la qualité des vagues, il se fit envoyer une planche de Californie, mais il débutait tout juste le surf et dû apprendre avec quelques locaux de Biarritz comme George Hennebutte et Joel de Rosnay. Sa femme, l'actrice Deborah Kerr, devint la marraine du premier club de surf de France, le Waikiki surfclub. L'année suivante, ce sport avait si bien pris à Biarritz que Hennebutte, en collaboration avec Michel Barland et Jacky Rott, commencèrent à fabriquer des longboards sous le nom de Barland. Barland lui-même devint un grand innovateur, et on lui doit entre autres la première machine à shaper en 1981.

Le mouvement fut suivi dans d'autres régions grâce notamment à Antoine Vivien et les frères Mayeux, qui furent les pionniers dans la région de la Manche, car ils découvrirent le potentiel du secteur d' Étretat vers la fin des années 60. Avec l'ouverture de nouvelles lignes de ferry entre Plymouth et Roscoff en 1972, les surfers anglais en partance vers le S se mirent à faire un stop en Bretagne. Il ne fallut d'ailleurs pas attendre longtemps pour que Bruno Troadec commence à surfer à Douarnenez, avant de devenir un shaper reconnu. Les windsurfers s'adaptèrent rapidement à ces planches sans voile, comme le champion d'Europe Dominique le Bihan ou le tripeur Serge Griesman. De façon plus surprenante, ce furent les membres d'un club de judo qui se mirent au surf après plusieurs démonstrations à Quimper faites par un pionnier de Vendée, Patrice "le chat" Chatillon, vers la fin des années 70.

Les surfers des années 60, qui ne se déplaçaient jamais en voiture sans leurs copains, ont cédé la place à une génération plus individualiste, qui partit à l'exploration de la côte. Les premiers films de surf montrant l'Europe furent tournés dans le S de la France, dans Wave of Change de Greg Mac Gillivray et Jim Freeman. Filmé durant l'automne 1968, on y voit Billy Hamilton, Keith Paull et Mark Markinson. Mais le film le plus connu (et qui en a inspiré plus d'un) s'appelait Evolution, réalisé par Paul Witzig avec Nat Young et Wayne Lynch, filmé principalement à La Barre. Malgré l'attention des médias, le surf en France demeura un sport marginal jusqu'à la fin des années 70. Mais cette situation changea avec le Lacanau Pro, créé en 1979, et les Championnats du Monde Amateur en 1980. De grands noms du surf comme Tom Curren, Gary Elkerton et Maurice Cole s'installèrent à Anglet, Lacanau et Hossegor respectivement, et contribuèrent à faire de la France un des pays majeurs au niveau du surf.

Cela faisait longtemps que la Méditerranée était connue comme un paradis pour le windsurf, mais vers la fin des années 70, des gens comme Jacques et Christophe Righezza décidèrent de laisser leur voile de côté pour profiter des vagues quand il y en avait. Avec d'autres pionniers comme Fred Mayol de St Cyr les Lecques, ils commencèrent à explorer la côte en quête de spots et trouvèrent finalement ce qu'ils cherchaient à Cap St Louis. En Corse, les premiers surfers des années 80 se rassemblaient à Capo di Feno, les précurseurs étant Gilles, Martin Manocci et Johnny Bongo.

Côte des Basques, 1966. Avant l'ère du leash, on attendait la marée basse pour ne pas voir sa planche terminer dans le mur.

Côte des Basques, 1966, waiting for low tide to avoid smashing up boards on the seawall, pre-leash.

Star du grand écran, Catherine Deneuve reçoit un cours particulier de la part d'un des pionniers du surf français, Joël de Rosnay.

Famous screen actress, Catherine Deneuve is given a one-on-one surf lesson by local pioneer, Joël de Rosnay.

HISTORY

In 1956, Hollywood scriptwriter Peter Viertel was on the Basque coast shooting an adaptation of Hemingway's novel The Sun Also Rises. Amazed by the waves, he sent for his Velzy Jacobs surfboard from California, but he was a strict beginner and shared his apprenticeship with a couple of Biarritz locals, George Hennebutte and Joel de Rosnay. His wife, the actress Deborah Kerr, became the patroness of France's first surf club, 'The Waikiki'. Within a year the sport had grown and Hennebutte, together with Michel Barland and Jacky Rott began to make longboards under Barland's name. Barland himself became a great innovator and has been credited, among other things, with designing the first pre-shape machine in 1981.

Other regions followed with Antoine Vivien and the Mayeux brothers pioneering the Channel area, as they discovered the potential of the Étretat region in the late '60s. With ferry lines opening between Plymouth and Roscoff in 1972, British surfers soon started to cruise Brittany on their way south. It wasn't long before local Bruno Troadec started surfing in Douarnenez, and went on to become a renowned shaper. Windsurfers like European champion Dominique le Bihan or traveller Serge Griesman were quick to adapt to sail-less boards. More surprisingly in Quimper it was members from a judo club that got into surfing after several demonstrations by Vendée pioneer Patrice "le chat" Chatillon in the late '70s.

The surfers of the '60s, who never went anywhere without a handful of guys in the car, were replaced by a generation of individualists, searching the coast for new waves. The first surf films containing European content were shot in southern France, namely Wave of Change by Greg MacGillivray and Jim Freeman. Filmed in autumn 1968, it starred Billy Hamilton, Keith Paul and Mark Markinson, but the most famous was the seminal flick Evolution, made by Paul Witzig starring Nat Young and Wayne Lynch, shot principally at La Barre. Despite the media attention, surfing in France remained a marginal sport until the end of the '70s. This changed with the Lacanau Pro, created in 1979 and the World Amateurs in 1980. Big names such as Tom Curren, Gary Elkerton and Maurice Cole transplanted to Anglet, Lacanau and Hossegor respectively and helped to put France on the map as a mainstream surfing nation.

The Med was known as a windsurfer's heaven for a long time, but in the late '70s, surfers such as Jacques and Christophe Righezza decided to lose the sail and enjoy the occasional waves. With others pioneers including Fred Mayol from St Cyr les Lecques, they started exploring the coast searching for spots and soon found what they were looking for at Cap St Louis. In Corsica, pioneers of the '80s gathered in Capo di Feno. First names in the water there were Gilles, Martin Manocci and Johnny Bongo.

The '80s saw growing awareness and the increasing availability of proper equipment, as surfers gathered in surf clubs such as Marseilles' Shark club,

LA BARRE

Un inconnu charge La Barre, spot rendu célèbre par le film *Evolution* en 1969. De nos jours les diverses extensions de la jetée du Boucau en ont fait un spot quelconque.

Unidentified charging big La Barre, a spot made famous in the 1969 surf film *Evolution*, but these days, multiple Boucau jetty extensions have virtually killed it.

Les surfers prirent de plus en plus conscience du potentiel dans les années 80, et le matériel devint plus facilement accessible avec la création de surfclubs comme le Shark club à Marseille, fondé par Marc Miceli. D'autres clubs lui emboîtèrent le pas et contribuèrent au développement du surf dans la région. Les plus gros sont actuellement le G.A.S. surf club à La Ciotat et le Palus Avis Surf Club à Palavas, qui compte maintenant plus de 60 membres. Les associations sont actives, comme 100deck, qui fut créé en 2001 à Nice et qui s'efforce de réunir les surfers des Alpes Maritimes.

Les surfers de Méditerranée voyagent beaucoup en général pour satisfaire leurs rêves de vagues, soit en voiture pour aller jusqu'à l'océan, soit en prenant l'avion pour d'autres destinations ; un des plus grands tour operators spécialisé surf est d'ailleurs basé à Marseille. Quelques-uns des surfers les plus doués comme Tim Boal ou les frères Delpero se sont établis sur la côte atlantique pour de bon semble-t-il, mais d'autres comme Thomas Buchotte et Vincent Chasselon de Marseille ou encore Thibault De Nodrest de La Ciotat sont toujours sur place pour élever le niveau local. On peut voir les riders et les vagues du coin dans *Flat Country*, une vidéo tournée principalement dans les Bouches du Rhône et le Var par deux filles de Sausset.

Le premier surf club de France fut fondé à Anglet en 1964.

The first Surf Club de France was founded in 1964 in Anglet.

founded by Marc Miceli. Other clubs followed and have played their role in the development of surfing on this coast. Today's leaders include the G.A.S. surf club of La Ciotat and the Palus Avis Surf Club in Palavas now counting over 60 members. Active associations, like 100deck, was formed in Nice in 2001 and works to unify surfers from the Alpes Maritimes.

Med surfers tend to travel more than others to fuel their dreams and will regularly drive to the ocean or fly abroad, which explains the presence of one of the largest French surf tour operators in Marseille. Some of the most gifted surfers like Tim Boal or the Delpero brothers seem to have fled to the Atlantic shores for good, but others such as Thomas Buchotte and Vincent Chasselon from Marseille or Thibault De Nodrest from La Ciotat still contribute to elevate the level of local surfing. *Flat Country*, a video mostly shot in Bouches du Rhône and Var by two girls from Sausset, showcases the talent and the waves of the area.

TODAY

Five years ago, the estimated number of surfers in mainland France had reached 60000. This is now probably close to today's hardcore, regular surfer numbers, but it is the recreational, once or twice a year surfer that has skyrocketed the figures to almost 500,000. Crowds can double, triple and quadruple in the summertime if you include all the surf schoolers dotting the whitewash in colourful lycra. Increasing mainstream interest in surfing has fed an explosion in the number of surf schools, board rentals and adventure holiday tours catering for people of all ages. Whereas 10 years ago there might have been one surf school at each major beach access point on the Hossegor stretch, now there are 6, all vying for the summer business. Of the 129 surf schools registered with the Fédération Française de Surf, 90 are based in Aquitaine and understandably put some pressure on the wave resources around Biarritz and Seignosse. While most beginners spend their time battling in the whitewash, on small swell days, the schools get mixed in with experienced surfers and etiquette is rarely observed, so a sense of humour is required and maybe a few pointers for the newcomers. When the summer crowds have all gone the line-ups return to the local pecking order, and bad behavior will draw stern verbal abuse, but rarely any violence. Stories of territorial foreigners working in packs at small town beaches and often attached to a nearby surf camp can not be discounted, but once the holiday-makers leave, the line-ups return to being calm and the locals carry on sharing with well-behaved

AUJOURD'HUI

Il y a 5 ans, on estimait qu'en France métropolitaine le nombre de surfer avait atteint 60 000. Maintenant cela représente uniquement les pratiquants assidus. En tenant compte de tous les surfers, vacanciers ou surfer du dimanche, le chiffre explose avec 500 000 adeptes ! En été le monde à l'eau peut doubler, tripler voire quadrupler si l'on compte tous les stagiaires des écoles de surf qui décorent les mousses de leurs lycras multicolores. Nourrie par un intérêt croissant pour le surf, une activité économique saisonnière s'est largement développée. On observe un grand nombre d'écoles, de points de location de matériel, ainsi que la multiplication de services d'organisations, avec des prestations de « vacances aventure » accessibles à tous. Alors que dix ans auparavant il n'y avait d'écoles qu'aux points d'accès principaux des plages sur le tronçon d'Hossegor, maintenant il y en a 6 toutes à l'affût lors de la belle saison. Parmi les 129 écoles de surf enregistrées à la fédération française de surf, 90 sont basées en Aquitaine et tout logiquement, cela densifie le nombre de personnes à l'eau autour de Biarritz et Seignosse. Le plus souvent, les débutants passent leur temps à batailler dans les mousses. En revanche les jours de petite houle, ils se mélangent avec les surfers plus expérimentés sans trop faire attention, il vaut mieux alors avoir un bon sens de l'humour et donner quelques conseils aux nouveaux venus. Lorsque la foule estivale s'en va les locaux se réapproprient les spots. Si des intrus ne respectent pas les règles, ils se feront rappeler à l'ordre verbalement, il est très rare qu'il y ait des actes de violence. Des anecdotes à propos de comportements territorialistes exercés par des groupes d'étrangers rattachés à un surfcamp ne peuvent être mises de côté. Mais lorsque les vendeurs de vacances partent, les vagues retournent aux locaux qui continuent de partager dans la politesse. Le Guide de le fédération Française de surf compte 154 clubs en métropole et 22 dans les dom tom : Réunion, Martinique, Guadeloupe, et Nouvelle Calédonie. Cette organisation se poursuit selon une méthode bien française, avec des groupements locaux puissants, chapeautés par une autorité. La France n'est pas en reste quand il s'agit d'accueillir des épreuves ASP importantes pour chaque discipline et toutes les catégories d'âge. Tout commence avec le tour ASP masculin, et l'épreuve stratégique du Quiksilver Pro est organisée depuis longtemps à Hossegor. Elle se déroule souvent dans des conditions typiques d'automne, très attrayantes. Pour les filles, ça se passe en été sur la plage chic de Biarritz avec le Roxy Pro. Si on ajoute à cela 4 à 6 compétitions majeures, catégorie Homme, Femme, junior et longboard, organisées en Vendée, Lacanau, Seignosse, et sur la Côte Basque, il est facile de constater que c'est en France que se déroulent la plus grande part des évènements surf en Europe. Les Français sont plus que des spectateurs car des gars comme Fred Robin et Patrick Beven ont été proches de se qualifier pendant des années, alors que le Franco-brésilien Eric Rebière et Mikael Picon, natif du Maroc, sont allés jusqu'au plus haut niveau en intégrant le top 44. Maintenant c'est l'enfant prodige de la Réunion, Jérémy Florès qui représente la France sur le World Tour. Il navigue dans le top 10 et il a déjà empoché le Pipe Master en 2010, titre le plus convoité. Marie-Pierre Abgrall, Caroline Sarran, Lee-Ann Curren et Pauline Ado ont aussi atteint le plus haut échelon dans le surf féminin.

Les surfshops et les planches sont faciles à trouver et de bonne qualité en général mais les prix sont parmi les plus élevés en Europe (550€ environ). Les shops les plus proches des villes et des spots sont souvent ouverts toute l'année, alors que dans les stations balnéaires aquitaines, ils sont plutôt ouverts d'Avril à Octobre, lorsque les touristes sont plus nombreux. En Mediterannée, les surfshops sont ouverts en hiver puisque c'est la saison du surf.

Le Sud-ouest est devenu le QG de l'industrie du surf européenne : toutes les grandes marques ont installé leurs bureaux, usines ou entrepôts de distribution entre Hossegor et la frontière, ainsi que de gros surfshops. Toutes les grandes enseignes du surf se sont appliquées à ouvrir un magasin phare. A Hossegor, cœur du surf en Europe, Quiksilver, Rip Curl, Billabong et les autres ténor de la glisse ont tous pignon sur rue, et parfois même un magasin d'usine. En plus de cela, des boutiques « surf » s'ouvrent dans des grands centres commerciaux à travers toute la France.

Jacky Rott (au centre) et le regretté Michel Barland on produit leurs premières planches maison en 1958.

Jacky Rott (centre) and the late Michel Barland started making the earliest examples of home-grown surfboards in 1958.

transients. There are a staggering 154 surf clubs on the FFS books (plus 22 in the dom-toms of Reunion, Guadeloupe, Martinique and New Caledonia), carrying on the French socialist tradition of organising into strong local groups under a national umbrella.

France represents when it comes to hosting important ASP contests in Europe, holding just about every discipline and age group for both sexes. The ASP Mens tour arrive for the long established and tactically important Quiksilver Pro held in Hossegor in prime Autumn conditions, while the women hit the chic sands of Biarritz in high summer for the Roxy Pro. Add a mixture of 4 to 6 star competitions for men, women, juniors and longboard, in Vendee, Lacanau, Seignosse and Cote des Basques and it is easy to see that France provides the lion's share of important surf contests for Europe's elite surfers. Local surfers are more than spectators and names like Fred Robin and Patrick Beven flirted with qualification for a few years, while Franco-Brazilian Eric Rebière and Moroccan born Mikael Picon both made it to the highest level. Now the French flag is being flown by Reunion wonderkid Jérémy Florès who prowls the world's top 10 and has already bagged the most sought after title of Pipe Master in 2010. Marie-Pierre Abgrall, Caroline Sarran, Lee-Ann Curren and Pauline Ado have done the same by reaching the highest echelon in women's surfing.

Surf shops and boards are easy to find, and quality is generally high, but prices are among the highest in Europe (around 550€). Further north, proper surf shops get a bit thinner on the ground and tend to service much wider areas by being located close to the more famous spots and city centers. Many of the smaller coastal towns in Biscay will only have a seasonal surf shop that caters to tourists from April - Oct, yet this is not a problem for the Mediterranean shops which need to be open right through the winter surf season.

The southwest has become the home of the European surfing industry with all the big names establishing offices, factories or distribution warehouses between Hossegor and the border. All the major brands have been busy opening flagship stores and Quiksilver, Rip Curl, Billabong and others dominate the largest retail outlets in traditional surf towns like Hossegor, plus are expanding into established mainstream shopping areas of cities across the whole of France.

Bon rol' backside de Jérémy Florès.

Jérémy Florès backhand smash.

Cory Lopez

O'Neill, since 1952. "It's been a hell of a ride. Long may it continue." - Jack O'Neill

Bastien Bonnarme

LA MANCHE

+ SPOTS D'AUTOMNE/HIVER
+ LE SITE D'ETRETAT
+ PROXIMITÉ DE PARIS
+ PAYSAGES DE FALAISES DE CRAIES
+ FILTRE À TEMPÊTES

- TRÈS PEU CONSISTENT
- VAGUES PEU PUISSANTES
- VENTS ONSHORE FRÉQUENTS
- MARÉES IMPORTANTES
- PAS DE VAGUES EN ÉTÉ
- EAUX LES PLUS FROIDES DE FRANCE

Pour créer des vagues surfables, les côtes de Normandie et de la Manche exigent les plus grosses houles d'Ouest, ou des houles de vent locales. Elles manquent souvent de puissance et de fréquence, mais c'est l'endroit le plus proche de Paris pour surfer, avec des falaises de craie en arrière-plan qui forment un panorama unique. L'endroit où ça rentre le mieux est le Nord de la péninsule du Cotentin, qui est exposée plein Ouest, alors que la côte de Normandie marche en général plus par tempête de Sud-Ouest. Le fameux spot d'Etretat est parfaitement situé pour ramasser la houle de Sud-Ouest tout en étant protégé de l'inévitable vent de Sud-Ouest, préservant ainsi les gauches durant une tempête. Quelques spots de la Manche reçoivent aussi des vagues courtes de clapot créées par le vent de Nord-Ouest à Nord-Est, mais il faut alors composer avec un vent onshore. L'hiver est la meilleure période pour surfer des vagues correctes, mais les marées énormes, les courants puissants et la température glaciale de l'eau mettent au défi les surfers les plus courageux.

NOAR SIMON

NOAR SIMON

COTENTIN SECRET

LE ROZEL

L'arrière-pays normand et les campings du bord de mer attirent un maximum de vacanciers en été, époque où ce genre de houles est bien rare.

Rolling Normandy hinterland and beachfront campgrounds attract plenty of holidaymakers in summer, when swells like this are rare.

THE CHANNEL

The Channel coastline of Normandy and La Manche requires the biggest W swells or locally produced windswell to create any worthwhile rides. It lacks both power and consistency, but it's the closest surf to Paris and the chalk cliff scenery is a stunningly unique backdrop. The most consistent area is the northern part of the Cotentin Peninsula, which faces due W, while the coast of Normandy works mostly in SW storms. The premier spot of Etretat is perfectly aligned to pick up the SW swell and deflect the strong accompanying SW winds in a cross-shore direction, keeping the lefts clean in a gale. Some of the Channel spots also break on short fetch NW-NE wind-chop, when onshore wind is essential to wave creation. Winter is the best time to score anything decent, but the mega tides, heavy rips and freezing water temperatures challenge even the hardiest surfers.

+ AUTUMN/WINTER WAVES
+ ICONIC ETRETAT
+ CLOSEST SURF TO PARIS
+ UNIQUE CHALK CLIFF SCENERY
+ STORM SWELL SHELTER

– VERY LOW CONSISTENCY
– LACK OF SHAPE AND POWER
– MOSTLY ONSHORE CONDITIONS
– BIG TIDES
– SUMMER FLATNESS
– COLDEST FRENCH WATER

SURF STATS - Etretat		J F	M A	M J	J A	S O	N D
HOULE	Dominante I Dominant swell	●	●	●	●	●	●
	Hauteur (m) I Size	2	1	0.8	0.6	1.3	2
	Fréquence (%) I Consistency	26	13	5	2	12	21
VENT	Dominante I Dominant wind	◔	◔	◔	◔	◔	◔
	Force moyenne I Average force	F5	F4-F5	F4-F5	F4	F4-F5	F5
	Fréquence (%) I Consistency	65	65	51	44	45	62
TEMP	Combinaison I Wetsuit	🏄	🏄	🏄	🏄	🏄	🏄
	Temp. de l'eau (°C) I Water temp.	9 8	8 9	11 14	16 17	17 16	14 11

LA MANCHE
NORD-PAS DE CALAIS
PICARDIE
BASSE-NORMANDIE
HAUTE-NORMANDIE
BASSE-NORMANDIE

INFOS VOYAGE TRAVEL INFORMATION

POPULATION
Nord-Pas-de-Calais – 4 018 644
Picardy – 1 890 000
Haute-Normandy – 1 915 000
Basse-Normandy – 1 453 000

LITTORAL | COASTLINE
153km (95mi)
74km (46mi)
225km (140mi)
568km (353mi)

COMPETITIONS
CDF Skimboard Siouville

This is a massive region and it's a long drive from Calais to the Contentin Peninsula. Motorway tolls considerably add to travel costs. Some areas have big cliffs, making access tricky in parts.

S'Y RENDRE | GETTING THERE

L'aéroport Paris Charles de Gaulle est à seulement 2 heures de route. Vols réguliers sur Caen, Rouen, Le Havre et Dauville depuis Paris et Londres. Les trains au départ de la gare St Lazare desservent les mêmes villes ainsi que Cherbourg, tandis qu'on peut se rendre à Alençon et au Mont Saint Michel depuis la gare Montparnasse. Pléthores de ferry entre les ports anglais de Douvres, Folkestone, Poole, Portsmouth ou Newhaven et ceux de Calais, Boulogne, Dieppe, Le Havre, Caen/Ouistreham et Cherbourg. On trouve des liaisons Douvres – Calais à partir de 50€ AR. Pour les périodes de vacances pensez à réserver suffisamment en avance.

From Paris Charles de Gaulle Airport it's only a short 2hr drive to the coast. From London and Paris, there are regular flights with regional airlines to the smaller airports of Caen, Rouen, Le Havre and Deauville. Direct train connections from Paris to Rouen, Le Havre, Caen, Deauville and Cherbourg depart from St Lazare train station, or Montparnasse for Alençon and Mont Saint Michel. There are too many ferry routes to list from the UK ports of Dover, Folkstone, Poole, Portsmouth or Newhaven, arriving in the French ports of Calais, Boulogne, Dieppe, Le Havre, Caen/Ouistreham and Cherbourg. Prices start from as little as €50 return on the cheapest Dover – Calais route. Book early for holiday period tickets.

SUR PLACE | GETTING AROUND

La région est vaste, et la route longue entre Calais et la péninsule du Cotentin. Le coût élevé des péages plombe rapidement le budget voyage. L'accès est parfois difficile dans les zones où la côte est faite de falaises.

LOGEMENT ET GASTRONOMIE | LODGING AND FOOD

Vu qu'on surfe ici essentiellement en hiver, l'option camping est compromise puisqu'ils sont alors tous fermés. Une chambre double dans un hôtel 2 étoiles proche d'Etretat vous coutera autour de 60€ en hiver. Si vous préférez vous geler dans votre camion sur un parking, vous ne devriez pas vous faire déranger. Tout comme en Bretagne, le business de la pomme est omniprésent, pour faire du cidre mais aussi du Calvados! La Normandie est réputée pour ses produits laitiers (fromages, crème, beurre), ainsi que pour son agneau AOC pré-salé. On trouve du bon poisson dans les différents ports du Nord-Pas-de-Calais.

Because this is a winter zone, the usual camping option is not realistic as most will be closed. A 2 star hotel near Etretat will cost around €60 a double in winter off-season. Otherwise, free-camping the cold car-parks should be hassle-free. Like Brittany, apples are big business for cider and are also

CHERBOURG

MONT ST-MICHEL

used to make Calvados, an apple brandy. Normandy is famed for cream and butter production plus a type of lamb reared on the salt marshes. Fresh seafood is easily found in the port towns of the Nord-Pas-de-Calais region.

CLIMAT I WEATHER – Calais	J/F	M/A	M/J	J/A	S/O	N/D
Précipitations (mm) I Total rainfall	41	36	36	60	62	67
Fréquence (j/m) I Consistency (d/m)	14	16	13	12	15	17
Témperature min. (°C) I Min temp.	2	5	7	15	12	5
Témperature max. (°C) I Max temp.	6	9	15	19	15	8

CLIMAT I WEATHER

La Normandie ne connaît pas trop d'extrêmes, avec des températures plutôt douces, comprises entre 2 et 10°C en hiver et 7 à 24°C en été. Parfois la température peut atteindre 30°C, et le givre est plus fréquent que la neige. De Novembre à Mai, il pleut environ 1 jour sur 3, puis la pluviométrie diminue de moitié en été. Plus l'on va vers le Nord-Pas-de-Calais, plus il fait froid (16,5°C de moyenne en été et 3,2°C en hiver), avec plus de pluie en provenance de la Mer du Nord. L'ensoleillement annuel varie de 1763h au Sud à 1600h à Calais.

Normandy is rarely a place of extremes with mild describing both summer and winter temperatures. Minimums from 2-10°C (35-50°F) then maxing out with average highs of 7-24°C (45-75°F). Summer will see some hotter days edging toward 30°C (86°F) and winter will see a few frosts, but rarely snow. From Nov-May, 1 in 3 days will be raining, then a big drop in summer to half the rainfall. It gets colder further north in Nord-Pas-de-Calais with quoted averages of 16.5°C (62°F) summer, 3.2°C (38°F) winter and a bit more rain sweeping in from the North Sea. Sunshine hours range from 1763h in the south to 1600 in Calais.

NATURE ET CULTURE I NATURE AND CULTURE

À Boulogne-sur-Mer, on trouve le plus important port de pêche français, ainsi que l'aquarium Nausicaa qui abrite 35000 espèces océaniques. Le Touquet est une destination shopping chic. La Normandie est parsemée de nombreux châteaux à visiter, et abrite le célèbre jardin de Claude Monet à Giverny, à mi-chemin de Paris. On trouve en Normandie 4 parcs naturels régionaux, accessibles à pied, à cheval, à vélo, et disposent d'un

bon potentiel pour le canoë ou SUP en eau douce. Les touristes anglais et américains ratent rarement la visite des plages du débarquement et des monuments commémoratifs. A deux pas de la côte Picarde, se trouvent les champs de bataille de la Somme (2ème Guerre mondiale).

Boulogne-sur-mer is the largest fishing port in France and the nearby aquarium Nausicaa showcases 35000 ocean creatures. Le Toquet is touted as a chic shopping town. Normandy is dotted with plenty of chateaux to visit and Claude Monet's famous garden in Giverny, halfway to Paris. There are four Regional Natural Parks in Normandy, accessible on foot, horse-back or by bike with canoeing and river SUP potential. Many American and British tourists visit the WWII D-Day landing beaches and associated memorials. There are also the WWI battlefields of the Somme just inland from the Picardy coast.

DANGERS I HAZARDS AND HASSLES

Etretat attire du monde, les locaux usent parfois de la voix et se garer est toujours un challenge! L'eau peut être glaciale, apportez le néoprène nécessaire pour lutter. Lorsque le vent sideshore souffle fort et que la houle vient du SO, attendez-vous à un fort jus latéral sur les plages.

Etretat does get crowded, the locals do get vocal and the parking is always a challenge. Cold water down to single figures is possible so bring plenty of rubber. When the cross-shore is blowing hard and the swell is sweeping from the SW, there will be a lot of drift at the open beaches.

CONSEILS I HANDY HINTS

La houle est si peu fréquente qu'il vaut mieux être sur place avant elle, car ici les créneaux de surf se comptent plus en heures qu'en jours. Le windsurf, kitesurf ou SUP constituent de bonnes alternatives au surf, surtout pour explorer la Baie de Seine durant les mois les plus chauds.

This region is so fickle that you must be on it when the swell arrives, which is usually measured in hours not days. Windsurfing, kitesurfing and SUP are all good back-up plans, particularly in the warmer (read flatter) months from May to Oct or at any time in the wave-less Baie de Seine.

LA MANCHE THE CHANNEL

1. CALAIS

Quand ça souffle fort du Nord-Est, on surfe à l'abri de la digue. Sinon les passages des ferries peuvent pimenter une session sur les plages de Blériot ou Sangatte. La bouée NDBC 62304 donne la hauteur de houle à l'entrée du port.

Surf kicks up next to the jetty with strong NE winds. Otherwise ferries can spice up a session at Blériot or Sangatte. NDBC buoy 62304 is located right at the entrance of the port (Sandettie lightship).

2. WISSANT

Longue plage de sable à 20kms de Calais orientée Nord-Ouest. Les conditions sont bonnes par houle d'Ouest Sud-Ouest avec un vent de sud modéré. Matez la webcam installée par des windsurfers. Tardinghen peut marcher aussi.

A long stretch of NW-orientated beach, 20km from Calais. The conditions are best on W/SW swells with a light S wind. Check the webcam set up by windsurfers. Also check Tardinghen.

3. CAP GRIS-NEZ

Par grosse houle d'Ouest/Sud-Ouest ce spot à fond rocheux offre parfois de superbes vagues pouvant aller jusqu'à 3m. Certainement le meilleur spot de l'extrême nord de la France. Ça marche souvent du coté de La Sirène, mais la falaise offre un point de vue sur plus de 20km de plage et donc d'autres pics. Bon à mi-marée uniquement, du jus et parfois du monde.

Probably the best spot on the entire northern France coastline, this is a rocky-bottomed spot working on big W-SW swells, which can deliver waves up to 3m. It's often good around La Sirène but check other peaks from the top of the cliff. Mid tide only. Rips and occasional crowds.

4. WIMEREUX

Plages de sables fonctionnant de mi-marée à marée haute par houle moyenne et vent de Sud/Ouest modéré. Petit reef, la Pointe aux Oies est orienté plein ouest, ce qui lui permet de recevoir parfaitement la moindre houle de Sud-Ouest, même si le spot est très sensible au vent (20km/h maxi). Les rochers sont couverts de moules, mieux vaut s'équiper de chaussons.

Average waves break on the main beach with medium swell and light SW winds but Pointe des Oies is the main attraction here. The full W orientation of this little reef makes it a wave magnet on any SW swell, but the strong W winds can often spoil the party (surfable up to 20km/h max). Booties are useful to walk on the mussel-covered rocks.

5. DIEPPE

Ça surfe à marée haute coté Est de la gare maritime, à l'abri des vents d'Ouest. On se jette à l'eau en marchant sur les blocs de béton, mais c'est casse-gueule. Y'a moyen de surfer la vague du ferry. Matez la jetée Sud si le swell vient du Nord-Est. Eau douteuse aux environs du port. Par gros swell checkez Mers-les-Bains du côté du Tréport.

A high tide break east of the ferry port offers shelter from W winds. Walk on the concrete blocks before jumping in. The ferry wave is actually surfable. Check out the south jetty on rare NE swells. Water quality questionable by the harbour. Mers-les-Bains is a big swell option in Le Tréport area.

6. POURVILLE

Une plage de galets où l'on surfe principalement du coté de l'embouchure de la Scie. Le shorebreak et la droite à l'Est de la plage sont plutôt typés bodyboard. Le bon plan par vent de Sud-Ouest. Ce spot peut marcher terrible sans vent mais là encore, c'est rare. Patience! Eau trouble à cause du calcaire. Parking payant.

Several peaks west of the rivermouth that bisects this boulder beach. The shorebreak and the righthand slab to the east are more suited to bodyboarders. The place to be on a SW wind and it can be perfect on those rare, big glassy days. Turbid, milky water, thanks to the limestone cliffs. Pay to use large car park.

7. PETITES DALLES

Tout comme Fécamp ce spot est plutôt orienté windsurf, mais cette plage de galets est aussi un spot de surf correct avec un haut-fond rocheux qui peut lever de belles séries. Favorable par houle de Sud-Ouest mais aussi par Nord-Est. Attention aux rochers et nombreux kite/windsurfers.

Like nearby Fécamp, Petites Dalles is mostly a windsurfing spot. This shingle beach can still produce decent reef-like shape at mid tides. Best on big SW but also on NE swells accompanied by onshores. Hazards include rocks and flying kite/windsurfers.

8. YPORT

Un des meilleurs spots de Normandie. Une belle et longue gauche déroule régulièrement sur des fonds rocheux. Une petite falaise appelée Pointe de Chicard protège ce spot des éventuels vents de Sud-Ouest. Par très gros swell, une droite pète au milieu de la baie, mais attention au jus qui vous tire vers Fécamp. Moins de monde qu'à Etretat malgré le parking en face du spot.

One of the best spots in Normandy: a nice, long left that wraps around a rocky bottom. A small cliff called Pointe de Chicard keeps the line-up glassy when the SW winds blow. On big days, a smaller right starts rolling on inside the bay. Beware of the rip running towards Fécamp. It is always smaller and less crowded than Etretat, despite easy parking in front of the break.

9. VAUCOTTES

Petite plage de galets, encastrée dans les falaises, se terminant par une dalle rocheuse sur laquelle la houle vient se fracasser. La vague manque parfois de punch, ce qui n'est pas pour déplaire aux débutants, mais peut changer de visage avec une grosse houle qui dévoile une gauche.

Hidden between the legendary cliffs of Normandy, a small shingle beach that ends up with a stretch

YPORT

THOMASR-FOTO.COM

LE HAVRE

FX VINCE

Viking Surf Club members gather at the Touques estuary to surf 'Le Phare', a right and left peak where swell size is increased by the polluted river. At high tide a more powerful wave breaks in front of the Aquarium. Webcam in Deauville. From here through the Baie de la Seine is a marginal surfing area until you reach the Cotentin Peninsula which picks up the most swell in Normandy.

of rocks. This set-up delivers rather mushy waves, making it a beginner's favourite, but it will hold large swells with a defined left sweeping in from the SW.

10. ETRETAT

11. SAINTE ADRESSE

Au pied des falaises du Cap de la Hève le beachbreak de Ste Adresse lève plutôt des gauches dans une eau parfois dégueu. Cela reste l'option de proximité pour les surfers du Havre. Bonne houle requise, d'où une vague molle et peu consistante.

Just below the Cap de la Hève cliffs, the stretch of Sainte Adresse beachbreak is the closest spot for Le Havre surfers. Mostly lefts, it needs a decent W or NW swell to wrap round the Cotentin peninsula. Weak and inconsistent with very poor water quality.

12. TROUVILLE

'Le Phare' est le point de rencontre des membres du Viking Surf Club venu surfer ce pic droite/gauche où l'embouchure de la Touques vient faire gonfler la houle et le taux de bactéries dans l'eau. A marée haute une vague plus puissante casse face à l'Aquarium. Webcam à Deauville. Entre ici et la Baie de la Seine, le surf reste marginal et il faut pousser jusqu'à la péninsule du Cotentin qui prend le mieux la houle en Normandie pour trouver des spots plus consistants.

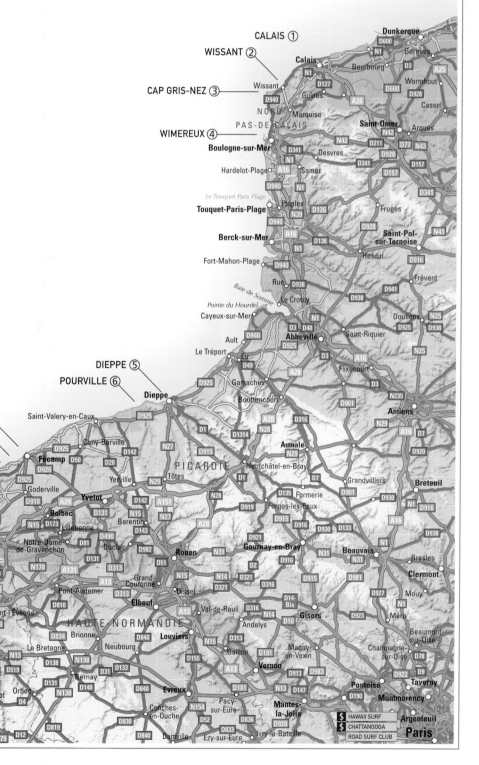

ETRETAT

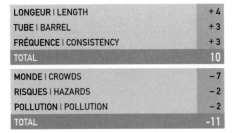

LONGEUR	LENGTH	+ 4
TUBE	BARREL	+ 3
FRÉQUENCE	CONSISTENCY	+ 3
TOTAL		10
MONDE	CROWDS	− 7
RISQUES	HAZARDS	− 2
POLLUTION	POLLUTION	− 2
TOTAL		-11

Le spot le plus célèbre de la région est au pied d'une haute falaise blanche de calcaire se terminant par une aiguille rocheuse: bienvenue sur l'Aiguille creuse! La gauche marche régulièrement à la mi-marée et se termine parfois sur un shore-break de galets explosif. On peut aussi partir en droite sur un bon petit creux. Surpeuplé quand la houle tombe le week-end. Houle de Sud-Ouest bien sûr mais aussi Nord-Est. Webcam.

Beneath the world-famous rock formation 'l'Aiguille Creuse' (the hollow needle), Etretat is a consistent mid tide peak that favours lefts. Best on wrapping SW swells but also works on NE windchop. Beware the shallow inside and fierce shorepound. Always crowded on weekends so a little localism is possible. Difficult parking. Webcam.

La semaine reste tranquille par rapport aux week-ends surchargés, quand les surfeurs coincés à Paris ou plus loin débarquent pour surfer la vague la plus consistante de Haute-Normandie.

Midweek crowd compares favourably to the weekend crush when landlocked surfers from Paris and beyond descend on the most consistent wave in Haute Normandy.

SCIOTOT

BASSE-NORMANDIE LOWER NORMANDY

2. COLLIGNON

La gauche cassant le long de la jetée peut être parfaite mais elle ne casse que quelques jours dans l'année. La zone de take-off n'étant pas plus grande qu'une pièce de 2 Euros vous ne serez sans doute pas les bienvenus. Un autre pic casse un peu plus à l'Est.

The left breaking along the concrete jetty can be one of the finest waves around. Unfortunately it's super fickle and needs a big SW-NW swell and SW winds. A few people are a crowd, so don't count on smiles in the line-up. There's another peak down the beach. Pollution from Cherbourg's massive harbour.

3. SIOUVILLE

Depuis Vauville en passant par Biville, pas moins de 15km de beachbreaks qui reçoivent la moindre houle d'Ouest. L'embarras du choix pour surfer un pic seul mais le meilleur reste souvent Siouville qui peut rappeler les Landes quand c'est bien creux. Reste valable par vent de Sud.

Vauville has 16km of empty beaches that work on any swell coming from the W. The best bet along this stretch of coast is Siouville, where the locals compare it to Les Landes when it's grinding. Can handle a bit of S wind.

1. L'ANSE DU BRICK

Spot de repli incontournable par grosse houle et vent de Sud-Ouest, très populaire car situé à une dizaine de km de Cherbourg. Ca surfe des 2 cotés de cette jolie petite baie, mais le lineup est restreint et ça bataille vite pour la priorité. Checkez aussi Bretteville.

During strong SW wind and swell combos, a 12km drive east from Cherbourg should be rewarded. Peak in the middle of the bay can wall up nicely when it's big, attracting a crowd so expect competition at the narrow take-off zone. Also check nearby Bretteville.

LE ROZEL

SIOUVILLE

4. DIÉLETTE

A voir avec un très gros swell de Nord-Ouest : ça surfe le long de la digue du port et le shorebreak très creux du Platé régale les bodyboarders. On parle également d'une gauche de reef un poil plus au Nord qui devient indonésienne une fois l'an. La centrale nucléaire de Flamanville est toute proche.

With a huge NW swell waves break along the harbour wall while a hollow shorebreak known as 'Le Platé' is on offer for bodyboarders. Word is spreading around about a lefthand reef in the neighbourhood that goes Indonesian every once in a while. Flamanville's nuclear power plant isn't too far.

5. LE ROZEL

Cette longue plage rectiligne, orientée plein ouest, peut offrir les meilleures vagues du Cotentin lorsque le vent on-shore ne souffle pas fort. Ca peut rentrer à 2,5m/3m avec une puissance rare par ici. C'est moins calé au Sciotot, au Nord de la baie, mais moins conflictuel aussi.

This quality Cotentin peak attracts the weekend crowd and holds shape up to 10ft, though it's often blown out. Sciotot, at the north end of the bay is less organised, but a quieter option. Avoid low tide.

6. HATAINVILLE

Pas trop de monde sur cette plage entourée de dunes car on peut toujours marcher un peu plus. Ca peut rentrer gros mais attention aux courants! Les débutants tenteront l'autre coté de Carteret, de nombreux pics sont visibles depuis le front de mer de Barneville.

A wide zone of beachbreaks surrounded by sand dunes. Can get way overhead but currents are usually quite strong. Beginners can cross Carteret to check mellow peaks from the boardwalk of Barneville. Uncrowded and unpolluted.

7. CAROLLES

Les spots au sud de Granville marchent encore moins fréquemment car seule une orientation Ouest/Nord-Ouest peut envoyer un peu de swell. Matez depuis la falaise si le shorebreak est dans un bon jour sinon cherchez un bout de reef améliorant un peu la sauce.

Breaks south of Granville start to be even less consistent with only W-NW swells hitting the coast. Check from the top of the cliff if the shorebreak is doing its thing or look for patches of reef shaping the mush.

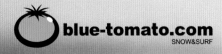

blue-tomato.com
SNOW&SURF

THE BALICAMP & SAMA SAMA

FOLLOW YOUR PASSION

Customized Surf Guiding & Coaching and Trailblazing Surf Boat Trips.

Benefit from our knowhow and let us make the most out of your time.

East Nusa Tenggara: Lombok – Sumbawa – Komodo – Sumba – Savu – Rote – Timor

Sumatra: Panaitan – Enggano – Mentawai – Telo – Nias – Banyak – Simeulue

Maluku Islands: Ternate – Halmahera – Morotai

Bali & Java

www.thebalicamp.com
www.samasamaboattrips.com

BRETAG

+ LARGE FENÊTRE DE HOULE
+ CÔTES TRÈS DÉCOUPÉES
+ PÉNINSULE DE CROZON
+ PAYSAGES SPLENDIDES
+ FESTIVALS ET FEST-NOZ

- RÉGION VENTÉE
- AMPLITUDES DE MARÉE
- DU MONDE L'ÉTÉ
- FROID ET PLUVIEUX

La région la plus occidentale de France peut se vanter d'avoir la meilleure fenêtre d'exposition à la houle; avec ses 1500km de côtes très découpées elle devrait par conséquent avoir la part du lion au niveau surf. Mais la réalité est un peu différente, car les vagues sont souvent perturbées par les marées qui peuvent atteindre 14m d'amplitude, le clapot causé par le courant et des îles au large bloquant un peu la houle. Le cadre est impressionnant, et les noms donnés à

certains endroits font froid dans le dos, comme la Baie des Trépassés (morts lors des naufrages) ou Fromveur (le passage de l'effroi). Les hautes falaises et les estuaires qui serpentent le long des côtes de Bretagne Nord dissimulent quelques reefs capricieux, nécessitant une bonne connaissance des conditions locales pour surfer. En allant vers le Finistère Sud, ce littoral en dents de scie laisse la place à des baies plus larges sur une côte basse entrecoupée de plages plus longues.

KRISTEN PELOU

LA TORCHE

KRISTEN PELOU

N E

POINTE DE DINAN

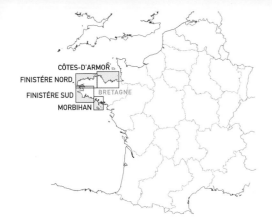

CÔTES-D'ARMOR
FINISTÈRE NORD
FINISTÈRE SUD   BRETAGNE
MORBIHAN

Brittany, France's most westerly region boasts a wide swell window and should attract the lion's share of Atlantic swells to its 1500km of rugged coastline. Converting this promising aspect into good surf is a bit harder to guarantee, since tides of up to 14m, swirling currents and offshore islands have a negative effect on the waves. The imposing feel to the surroundings is reflected in many place names, like Baie des Trépassés (Bay of the Dead) and Fromveur (Channel of Great Fear). The high cliffs and indented estuaries of the North Brittany coast hide many a fickle reef where local knowledge is indispensable. This jagged coast gives way to larger bays, low lying land and longer stretches of beach in the South Finistère area.

+ WIDE SWELL WINDOW
+ MULTI-ASPECT COASTLINE
+ UNSPOILED CROZON PENINSULA
+ RUGGED, SCENIC BEAUTY
+ FESTIVALS AND FEST-NOZ

− WIND SWEPT REGION
− EXTREME TIDAL RANGES
− SUMMER CROWDS
− COLD AND RAINY

Des droites bien fracassables viennent s'enrouler autour des rochers de la Pointe de Dinan. Un bel exemple des bienfaits du granite, pilier de la géologie bretonne.

Rocky, ripable rights hug the headland at Pointe de Dinan, a prime example of the benefits of Brittany's ancient granite geology.

LA PALUE

Rendez-vous incontournable des surfers de
Crozon quand les grosses marées montantes
donnent ce genre de murs en spectacle.

Consistent Crozon crowd-puller when the
massive tides deliver friendly walls on the push.

BRITTANY

Située au centre de la région, la péninsule de Crozon possède des beachbreaks qui marchent très souvent ainsi que quelques pointbreaks, ce qui en fait le centre du surf local. A la pointe Sud-Ouest du département on trouve le fameux spot de La Torche, mais en descendant vers le Morbihan les vagues commencent à rentrer moins bien, car la côte est orientée plus Sud. Le littoral breton est tellement découpé qu'on trouvera toujours quelque chose à surfer s'il y a de la houle et ce quel que soit le vent, mais il faut s'attendre à passer du temps sur la route et à jongler avec les horaires de marée. L'automne et le printemps sont les saisons les plus appropriées pour le surf, bien que ça puisse être souvent bon en été sur les beachbreaks bien exposés, à marée montante.

Le Finistère recèle un bon nombre de secret spots, dont nombre sont embusqués au large, prêts à surgir avec la bonne combinaison de swell, vent et marée. Il faut donc faire le guet longtemps avant d'espérer scorer cette bombe du sud breton.

Finistère hides a fair number of secret spots, many of which lurk outside on submerged skerries and reefs, just waiting for the right combination of swell, wind and tide. It's always a long wait for this southern bomb-site.

ERWAN CROUAN

The centrally located Crozon Peninsula is the main surfing hub, focusing on some very consistent beachbreaks and a few pointbreaks as well. The SW tip of the département is home to the famous spot La Torche, but consistency quickly drops as the coast swings to face south along the Morbihan coast. Such a contorted coastline means if there is swell, there will be waves somewhere, whatever the wind is doing, but allow plenty of time for navigating the slow roads and fast tides. Autumn to spring should be the best window of opportunity, although exposed beaches will often be good in summer with a pushing tide.

SURF STATS - La Torche		J	F	M	A	M	J	J	A	S	O	N	D
HOULE	Dominante I Dominant swell	◐		◐		◐		◐		◐		◐	
	Hauteur (m) I Size	2.1		1.8		1.2		0.6		1.6		1.9	
	Fréquence (%) I Consistency	60		70		70		60		80		70	
VENT	Dominante I Dominant wind	◑		◑		◔		◔		◑		◑	
	Force moyenne I Average force	F5		F4-F5		F4		F4		F4		F5	
	Fréquence (%) I Consistency	55		56		47		56		63		59	
TEMP	Combinaison I Wetsuit	🧍		🧍		🧍		🧍		🧍		🧍	
	Temp. de l'eau (°C) I Water temp.	11	11	11	12	14	16	18	18	17	16	14	12

POPULATION
Brittany – 4 389 055
Finistère – 886 500
Morbihan – 702 487

LITTORAL | COASTLINE
2220km (1379mi)

COMPETITIONS
Grom Search (FFS, La Torche, Jun)
CDF Bodyboard (FFS, Plouarnel, Jun)

S'Y RENDRE | GETTING THERE

Il y a 5h à 6h de route de Paris à Brest ou Quimper. Le TGV met 2h jusqu'à Rennes, tout comme l'Intercités pour Caen. Les TER relient Rennes aux principales citées régionales. Vérifiez que les planches soient acceptées dans le TGV, pas de problème pour les autres lignes. Brittany Ferries débarquent à Roscoff depuis Plymouth au R.U. (6-8h, 110€) et Cork en Irlande (14h). On arrive à St Malo depuis Plymouth (9h, hiver seulement) et Portsmouth (12h, 135€). Ces traversées sont généralement nocturnes avec une fréquence quotidienne à hebdomadaire. Le cout varie largement entre basse et haute saison. De multiples compagnies de bus desservent la côte et certaines acceptent les planches.

From Paris it's a 5-6h drive to Brest or Quimper. It takes 2h by TGV to Rennes and the same to Caen on Intercities. TER services all the main cities and towns in the region from Rennes. Check to see if boards are carried on the TGV leg then no problem on other services. Brittany Ferries sail into Roscoff from Plymouth, UK (6-8h; fr £90) and Cork, Eire (14h). Routes into St Malo come from Plymouth (9h – winter only) and Portsmouth (12h; fr £114). These are usually overnight crossings and service varies seasonally from 1/day to 1/week. Costs fluctuate massively from Nov lows to July peaks. Multiple bus companies service the relevant departments and some carry boards.

SUR PLACE | GETTING AROUND

Les autoroutes ont la qualité d'être gratuites en Bretagne, ce qui n'est pas le cas de l'essence, souvent encore plus chère ici que dans le Sud. Des routes sans fin, sinueuses, tortueuses, et parfois très étroites dans les villages vous attendent pour rejoindre les spots. La côte très exposée offre peu de parkings et des accès limités, soyez prêt à marcher à travers les landes. En été, les touristes débarquent et réduisent les distances de sécurité entre chaque véhicule!

Motorways are toll-free in Brittany, but fuel costs a bit more than down south. Lots of driving between spots on slow, winding roads that can be very narrow in villages. The exposed coastline doesn't have many access points or car parks so be prepared to walk through the heaths. July-August is jammed with holidaymakers clogging up the roads even more.

BELLE-ÎLE

KRISTEN PELOU

TOULHARS

FREDERIC LE LEANNEC

NATURE ET CULTURE | NATURE AND CULTURE

La Bretagne est la 3ème région la plus visitée de France. L'empreinte celtique est forte, avec de très nombreux vestiges un peu partout (Locronan). La péninsule de Crozon est très préservée, avec de sublimes paysages surtout avec un peu de brume. A Brest, visitez la rade et Oceanopolis. En été les festivals sont légion, sans oublier les traditionnels rassemblements festifs que sont les Fest-Noz.

Brittany is the 3rd most visited region in France. Evidence of its Celtic past is scattered throughout the countryside and villages (Locronan). Crozon's untouched scenery, often veiled in mist patches, has its charms. Visit Oceanopolis in Brest or the Rade. There are lots of festivals in the summer and locals party hard at the traditional ones known as Fest-Noz.

DANGERS | HAZARDS AND HASSLES

Excepté la pluie et le froid, il n'y a pas grand risque autre que l'hypothermie. Le courant peut être énorme sur certains spots, et choisir la phase optimale de marée est essentiel. Des slabs pêchus mais craignos attendent la communauté bodyboard locale, plutôt importante en Bretagne.

Besides being very cold and rainy, there is not much to fear apart from hypothermia. Some spots have strong riptides but trying to get to the right spot before its optimum tidal phase is crucial. Some of the heavy slab reefs can be treacherous for the barrel-hunting bodyboard crew, who are mellow but numerous.

CONSEILS | HANDY HINTS

Les écoles ESB sont nombreuses, et Vannes accueille l'un des plus importants fabricants de planches au monde: BIC Sport. On trouve des surf-shops sur la plupart des spots, mais le matos n'est pas spécialement bon marché (comptez au moins 400€ pour une bonne board). Les meilleurs shapers sont à Quiberon, où le surf reste plus développé que dans le Nord de la région. Kanabeach est la marque de fringue atypique «Made in Bretagne».

ESB is a chain of surf schools and Brittany is home to BIC Sport, the biggest single brand board manufacturer in the world (Vannes). Surf shops can be found at major spots and cities, but gear is expensive – €400/board at least for something decent. Best shapers are in Quiberon, South Brittany, where surfing has developed more than in the north. Home of Kana Beach, decidedly French flavoured surf wear.

LOGEMENT ET GASTRONOMIE | LODGING AND FOOD

La Torche ne propose pas d'hébergement, à l'exception d'un camping ouvert en été. Quelques surf-shops et crêperies seulement. Si vous ne voyagez pas en van, comptez 40€ pour une chambre double en maison d'hôte, et 25€ pour un hôtel basique en ville (Crozon est une bonne option). Crêpes au programme, ainsi que des fruits de mer et plats à base de pommes ou cidre. Un repas avec cidre coûte environ 15€.

La Torche is lacking in facilities with no accommodation apart from a summertime campsite, 2 or 3 surf shops and a couple of crêperies. If you don't have a campervan, the guesthouses will cost (€40/dble) or budget hotels (fr €25/dble) in the cities – Crozon is a good bet. Typical foods are crêpes (sweet or savoury pancakes), seafood and apple dishes, often containing the famous Breton cidres. Pay €15 for a meal with cider.

CLIMAT | WEATHER

La Bretagne a un climat maritime typique marqué par des étés frais, et des hivers doux et humides. La région est aussi extrêmement exposée aux vents de l'Atlantique, qui permettent d'éviter les températures négatives en hiver, et ont contribué au fil des millénaires à forger une côte très découpée. La pluie est fréquente, mais est rarement très forte. Les précipitations totales sont en réalité plus faibles que dans la plupart des autres régions françaises. Les changements radicaux de météo sont propres à la Bretagne. La température de l'eau reste froide toute l'année, même si l'on peut parfois espérer tomber la combi intégrale en été. En hiver, sortez le grand jeu : combi 4/3 mm, gants, chaussons et cagoule!

Brittany has a typical maritime climate with cool summers and mild, wet winters but is also extremely exposed to the Atlantic winds. In fact, these winds are what keep the temperature above 0°C in winter and have, over millennia, helped create Brittany's rugged coastline. Rain is a frequent occurrence but rarely gets too intense – the total rainfall is actually lower than in most French regions. The quick, radical weather changes are a regular feature of Brittany's weather. Water temperature remains cold, year-round and even in the height of summer, days without a full suit on will be rare. In winter a 4/3mil fullsuit, hood, booties and gloves will be on the cards.

CLIMAT	WEATHER – BREST	J/F	M/A	M/J	J/A	S/O	N/D
Précipitations (mm)	Total rainfall	115	83	63	70	98	145
Fréquence (j/m)	Consistency (d/m)	16	12	9	11	13	18
Température min. (°C)	Min temp.	4	6	9	13	10	6
Température max. (°C)	Max temp.	9	12	17	20	17	11

CÔTES-D'ARMOR

CAP FRÉHEL

1. PLAGE DU SILLON

La grande plage de St Malo se surfe surtout par tempête de Sud-Ouest, quand des pics se calent près de l'épi de la Hoguette. Webcam.

St Malo's main beach is surfed on SW storms; best peaks next to la Hoguette groyne. Webcam.

2. LES LONGCHAMPS

Les surfers du coin se retrouvent sur cette large plage où de bons bancs peuvent créer des vagues creuses… si tenté que le vent ne soit pas onshore. Les droites sont souvent meilleures, une marée montante au printemps boostera les vagues. Pour changer tentez les reefs capricieux Garde-Guerin, où un vent de Sud sera offshore et une houle modérée d'Ouest optimale. Il y a aussi le superbe mais dangereux pic de la Dame Jouanne, convoitise des locaux les plus chevronnés qui aiment quand ça tape fort sur le reef à marée basse. Accès à Garde-Guerin en longeant le golf.

A friendly surfers' hub, the beach is wide and good banks can provide hollow waves or the more common onshore mushburgers. Favours rights and a spring incoming tide will jack up the wave heights.

3. CAP FRÉHEL

Tourner entre les Sables d'Or et les falaises colorées du Cap Fréhel révèle plusieurs options. Le spot de La Fosse à Pléhérel est consistent mais la Grève d'En Bas marche mieux, sauf à marée basse. Tient bien le vent de Sud, mais pas le Sud-Ouest. De jolis pics et bols avec une bonne houle d'Ouest, mais ne vous attendez pas à être seul à l'eau, c'est toujours busy.

Driving up from Sables d'Or towards Cap Fréhel's multi-coloured cliffs will reveal several surf options. La Fosse at Pléhérel beach is quite consistent, but La Grève d'En Bas is much better as long as it's not low tide. Good with S winds but SW makes it messy. Nice peaks and bowls when a decent W swell hits, which

For a change check the capricious Garde-Guerin reefs, which will have some push over the scattered rock sections on a moderate W swell and any S wind will be offshore. Out on the western headland, the awesome but treacherous Dame Jouanne ledge sucks and slams the rock shelf at low, challenging the most competent surfers and tight local crew. Access to Garde-Guerin beside the golf course.

brings out a frothing crowd that have been waiting through the flat spells. Always crowded.

4. TRESTAOU

Les locaux de Perros Guirec profitent de vagues creuses et puissantes quand ça bastonne d'Ouest, car la configuration NE protège fortement de la houle. Si c'est gros, il y a une bonne droite sur un reef plus au large. La petite plage à l'Est abrite la droite inconsistante mais fréquentée de Pors Nevez, qui déferle sur un fond de roche et sable, surtout de marée basse à mi-marée et avec un vent de S. D'ici, on accède au sanctuaire ornithologique des Sept îles ainsi qu'aux falaises de granite rose vers Ploumanac'h. Nombreuses commodités sur place, y compris des surf-shops.

Perros Guirec locals enjoy a hollow beachbreak right in the city during westerly storms, thanks to it's tucked-in, northeast-facing position. An outside reef peak will rear up some rights in big swells. The pocket beach to the east holds the inconsistent and often crowded righthander of Pors Nevez over rock and sand, where more S in the wind and low to mid tide is needed. Access from here to the Seven Isles bird sanctuary and the pink granite cliffs towards Ploumanac'h. Surf shop and all city beach facilities.

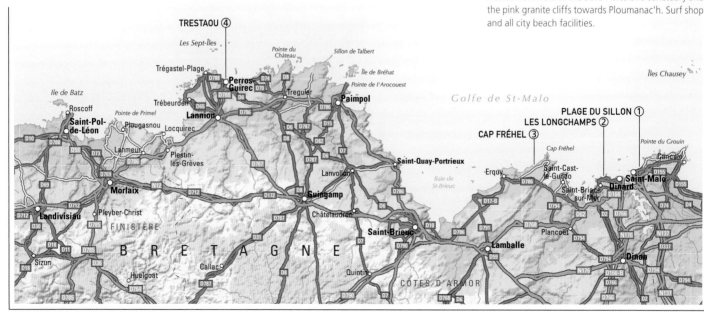

SECRET SPOT

DAME JOUANNE

1. PORS AR VILLEC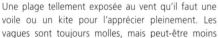

'Porza' reste le spot le plus consistant de Locquirec, un bled tranquille avec du surf régulier. Ça déferle vite et creux sur le reef ensablé avec une houle de NO et un vent de S. Il y a toujours du monde, et des rochers peuvent surprendre même à marée haute. En allant vers l'Ouest on trouve les Sables Blancs, avec un bon beachbreak et un reef musclé qui offre de bonnes droites à marée basse si la houle est copieuse. Les baies suivantes comprennent celles de Moulin de la Rive et Poul Rodou, tous deux protégés des vents de SO.

'Porza' is the most consistent spot in the laid-back surf area of Locquirec. Fast and hollow over the sand-covered reef when the NW swell hits or clean little longboard peelers when small and groomed by any S wind. It's always crowded here and rocks pop up even on high tide. Heading west are some good solid shories at Sables Blancs, which also has a sucky outside reef churning out rights at low tide on big swells. The next few bays include Moulin de la Rive and Poul Rodou, both well sheltered from SW winds.

2. LE DOSSEN

Une plage tellement exposée au vent qu'il faut une voile ou un kite pour l'apprécier pleinement. Les vagues sont toujours molles, mais peut-être moins près de la rivière, où l'on trouve des options décentes pour tous les niveaux quelle que soit la marée. La foule des weekends se disperse bien, mais le vent d'O vient souvent ruiner le spot. Si vous aimez le surf hardcore où ne jurez que par le shortboard, allez à l'Ile de Sieck, une droite puissante et creuse sur un reef craignos. Spot de char à voile.

A long sandy beach so exposed to the wind that a sail or kite is recommended. Less sloppy by the river, which works at lower tides or head to the multitude of peaks in the middle for high tide rollers perfect for longboarding and beginners. Spreads the weekend crowd as easily as the W wind blows it to pieces. Shortboarders should go to l'Ile de Sieck just in front for a hollow, hardcore right reef. Land yachting hotspot!

3. LA MAUVAISE GRÈVE

Très encaissé dans la baie faisant face au camping de Moguériec, ce reef offre plus de puissance que le Dossen. Y'a aussi plus de chance de trouver un rocher sur sa route.

In front of the camping in Moguériec, this inconsistent reef tucked in a bay offers more power than Dossen. Beware of the exposed rocks.

4. BOUTROUILLES

De bonnes vagues de beachbreak à marée haute grâce aux rochers qui stabilisent les bancs de sable. Spot populaire et apprécié des bodyboarders pour ses vagues entre les rochers de granite. Atmosphère détendue bien qu'il y ai du monde en plein été, lorsque les vagues sont rarement bonnes. Aussi connu comme Kerlouan.

Some good higher tide beachbreaks, thanks to patches of reef holding the sand. Popular with bodyboarders as there are good wedges among the granite rocks. Friendly atmosphere although it gets crowdy in high summer, when the waves aren't likely to be any good. AKA Kerlouan.

5. ST PABU

Les gros swells de NO réveillent le shorebreak tubulaire de St Pab, délice des bodyboarders. Les vagues sont plus paisibles et mieux protégées du vent de l'autre coté de la plage. Les rochers et parc à huîtres au large bloquent le swell à marée basse. Marche de temps à autre, souvent du monde. On trouve d'autres options de reefs peu profonds autour de Lampaul-Ploudalmézeau, à condition que le swell soit suffisant pour se frayer un chemin à travers le dédale des îles.

Strong NW swell will awaken St Pab's hollow shorebreak, a bodyboarder's delight. The far corners of the beach give some wind and swell shelter. Offshore rocks and oyster farms block the swell at low tide so spring highs are a plus. Medium consistency and often crowded. There are more shallow reef spots in the Lampaul-Ploudalmézeau vicinity when enough swell filters through the maze of islands.

6. PENFOUL

Les îles au large bloquent en partie la houle de SO, mais il y a tout de même de bonnes droites à dénicher dans la baie. C'est souvent mou et mal calé ici, surtout avec du vent d'Ouest. Cherchez plutôt les reefs voisins comme La Chapelle (droites de marée basse à mi-marée) ou Le Greb, dangereux à cause de forts courants.

The offshore islands block some SW swell, but there can be some nice rights scooting across the bay from the rocks to the north. Conditions are usually lumpy and messy here in any W wind. It's often better at the nearby reefs of La Chapelle, a rocky low to mid tide right, or Le Greb, where currents get really dangerous.

7. LE GOUEROU

Vague très creuse et puissante cassant près du bord. Des pics bien marqués et quelques bols attirent les mordus de glisse. A marée haute sortie difficile dans les rochers, préférez la mi-marée. Ca marche souvent et la fréquentation s'en ressent. Courants et localisme. Prendre Lampaul-Plouarzel.

A hollow, powerful wave breaking close to shore. Nicely defined peak and bowly shoulders attract boards and boogers. Tricky exit on the high end of the tide so mid is best. Highly consistent so often crowded. Rips and localism. Follow the signs for Lampaul-Plouarzel.

8. BLANCS-SABLONS

Un beachbreak mou qui ferme dans la baie, plutôt un spot pour débuter. Bien protégé des houles et vents de SO. Prendre la route depuis Le Conquet, camping tout proche.

A large cove offering little else than a sloppy beachbreak that closes out easily. Filters out big SW swell and wind. Beginners will enjoy the space. Take the road from Le Conquet – campsite nearby.

KRISTEN PELOU

PORS AR VILLEC

LA CHAPELLE

KRISTEN PELOU

9. PORSMILIN

Cachés dans l'Anse de Bertheaume, on trouve ce reef de gauche et à marée haute la vague du Trez-Hir, qui sont mieux protégés des vents d'Ouest que Petit Minou. Les 2 spots souffrent d'une capacité d'accueil limité, donc c'est serré au pic quand arrive un bon swell de SO-O. Les parkings aisés n'arrangent pas la chose. Attention au courant et rochers. Le shorebreak voisin de Trégana est moins convoité.

Tucked in at l'Anse de Bertheaume, this lefthand reefbreak and Trez-Hir's defined high tide peaks are both better sheltered from W winds than Petit Minou. Unfortunately both take-off zones are really narrow and always crowded when the bigger SW-W swells get in. Trégana's shorebreak is a bit roomier. Easy parking at both spots just adds to the crowd. Rips and patches of rock to avoid.

10. DALBOSC

Spot hardcore réputé pour sa gauche tubulaire et une droite plus longue, bien qu'on ne trouve souvent qu'un gros close-out. Ca surfe aussi à Deolen. Etudiants et surfers de l'Ifremer débarquent pour les grandes marées de midi. Si c'est gros, seuls les meilleurs seront à l'eau.

Pretty hardcore spot known for the tubular left and longer right it can produce although it's often just a big close-out. Deolen is another low tide option nearby. Both attract crowds of students and workers during their lunch break. Beware of currents, rocks and rising tides. Experts only when it gets bigger.

11. LE PETIT MINOU

Beachbreak creux, avec plus de rochers coté Sud (Les Moules). C'est bon avec n'importe quelle houle de S à NO, tandis que le vent de Nord soufflera offshore. La proximité de Brest implique des pics de foule le week-end, sans compter que ça ne marche qu'à marée basse. Terre de la marque Kana Beach.

A hollow beachbreak with more rocks on the southern part known as 'Les Moules'. Fun, curvy walls and smackable lips appear on any SW-NW swell with any N wind offshore. Low tide only spot just helps to concentrate the extreme weekend crowds, due to Brest's proximity. Home of Kana Beach surfwear brand.

Map: Finistère – Nord region with numbered surf spots:

Les Sept-Îles

LE DOSSEN ②
LA MAUVAISE GRÈVE ③
PORS AR VILLEC ①
Trégastel-Plage
Perros-Guirec
BOUTROUILLES ④
Île de Batz
Trébeurden
Roscoff
Pointe de Primel
Lannion
ST PABU ⑤
Brignogan-Plage
Saint-Pol-de-Léon
Plougasnou
Locquirec
PENFOUL ⑥
Plouescat
Lanmeur
Plestin-les-Grèves
Pointe de Pontusval
Plouguerneau
LE GOUEROU ⑦
Porspoder
Ploudalmézeau
Lesneven
Morlaix
Île d'Ouessant
Pleyber-Christ
Lampaul-Plouarzel
Landivisiau
BLANCS-SABLONS ⑧
Île de Molène
Saint-Renan
Guipavas
Landerneau
Conquet
Relecq-Kerhuon
Sizun
Île de Beniguet
Brest
Callac
Pointe de St-Mathieu
Plougastel-Daoulas
PORSMILIN ⑨
BRETAGNE
DALBOSC ⑩
LE PETIT MINOU ⑪
Camaret-sur-Mer
Huelgoat
Carhaix-Plouguer
Pointe de Penhir
Crozon
Faou
FINISTÈRE

1. ANSE DE PEN-HAT

Beachbreak creux mais toujours plus petit que La Palue, bien qu'exposé plein Ouest. Les meilleurs pics, formés par les forts courants, se trouvent aux extrémités de la plage et se surfent de préférence pendant le remontant. Cadre splendide avec notamment les ruines d'un château. On y trouve de plus en plus de monde, et d'autres pics dans les environs mieux protégées des vagues et du vent. Suivre la direction de la Pointe du Toulinguet.

A hollow beachbreak that receives less swell than La Palue, despite good westerly exposure. Peaks at both ends are shaped by strong rips and the waves will have some punch at the favoured tide of mid incoming. Beautiful backdrop includes castle ruins. Crowds are on the rise and there are more waves in the vicinity that offer protection from big swells and winds. Follow signs to Pointe du Toulinguet.

2. KERLOCH

Les gros swells hivernaux révèlent cette gauche facile qui supporte bien le vent d'Ouest à condition de rester au Nord du spot. De longs ride à la clé avec des vagues à cutbacks, et un backwash à marée haute. Un peu plus loin se trouve Kersiguennnou, un bon spot d'été pour les débutants, juste au pied des falaises. Plus au Sud se trouve Goulien, toujours une taille au dessus par houle d'O-NO. Les courants facilitent l'accès au pic. Visible depuis la route.

Large winter swells light up this mellow beachbreak, which remains surfable with W winds if you stick in the north corner. Long rides with cutback walls and a high tide backwash. Further round the long scalloped beach is Kersiguennou, a good summer spot for beginners in front of the cliffs, while the south end is Goulien where it will be bigger in W-NW swells. The currents flow towards the take-off zone. Visible from the road.

3. POINTE DE DINAN

Très panoramique, belle droite sur du reef, qui tient la taille et se surfe sur 200m par bonnes conditions. Bien protégé des vents de N. Quand c'est petit on slalome entre les rochers qui émergent à marée basse. La baie offre aussi des gauches bien creuses sur le remontant, qui cassent sur un mix sable/reef. Parfois du monde les weekends.

A scenic spot with a performance right breaking over uneven reef. Protected from N winds, it holds some size and rides can be 200m long. Boils and dry rocks at low tide and slalom skills needed when small. There are some lefts in the bay that break hollow on the pushing tide over a sand/rock mix. Sometimes crowded at weekends.

4. LA PALUE

Spot le plus consistent et le plus populaire de la presqu'île de Crozon. Beaucoup de vans et une bonne ambiance malgré le monde. Préférez la marée haute, car à marée basse les vagues sont souvent en chantier et peu puissantes. Les surfers intermédiaires apprécieront ce spot qui offre de belles faces et même quelques sections à tubes. Plein bas, checkez Lostmarc'h juste au N, qui tient la houle jusqu'a 3m.

Wide open, west-facing beachbreak that picks up all available swells. Usually messy and weaker at low tide before lining up on the push past mid. Long walls and the odd barrel section make it a fun intermediate spot. The most consistent and regularly crowded spot on the Crozon peninsula. Many campervans and a

LA PALUE

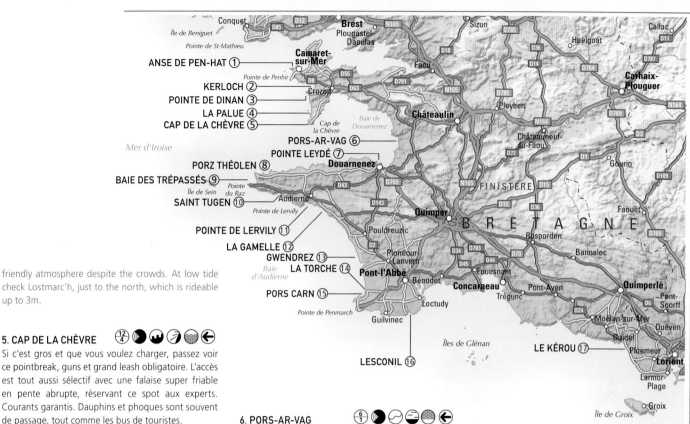

Conquet
Île de Beniguet
Pointe de St-Mathieu
Brest
Plougastel-Daoulas
Camaret-sur-Mer
ANSE DE PEN-HAT ①
Pointe de Penhir
KERLOCH ②
Crozon
POINTE DE DINAN ③
LA PALUE ④
CAP DE LA CHÈVRE ⑤
Cap de la Chèvre
Baie de Douarnenez
Châteaulin
PORS-AR-VAG ⑥
POINTE LEYDÉ ⑦
Douarnenez
PORZ THÉOLEN ⑧
Mer d'Iroise
BAIE DES TRÉPASSÉS ⑨
Île de Sein
Pointe du Raz
Audierne
SAINT TUGEN ⑩
Pointe de Lervily
POINTE DE LERVILY ⑪
LA GAMELLE ⑫
GWENDREZ ⑬
LA TORCHE ⑭
Baie d'Audierne
Pont-l'Abbé
PORS CARN ⑮
Pointe de Penmarch
Guilvinec
Loctudy
LESCONIL ⑯
Quimper
B R E T A G N E
F I N I S T È R E
Pouldreuzic
Plonéour-Lanvern
Bénodet
Concarneau
Pont-Aven
Trégunc
Fouesnant
Rosporden
Bannalec
Quimperlé
Moëlan-sur-Mer
Guidel
Quéven
Ploemeur
Lorient
Larmor-Plage
Le Kérou ⑰
Île de Groix
o Groix
Îles de Glénan
Sizun
Faou
Pleyben
Châteauneuf-du-Faou
Gourin
Faouët
Huelgoat
Carhaix-Plouguer
Callac

friendly atmosphere despite the crowds. At low tide check Lostmarc'h, just to the north, which is rideable up to 3m.

5. CAP DE LA CHÈVRE

Si c'est gros et que vous voulez charger, passez voir ce pointbreak, guns et grand leash obligatoire. L'accès est tout aussi sélectif avec une falaise super friable en pente abrupte, réservant ce spot aux experts. Courants garantis. Dauphins et phoques sont souvent de passage, tout comme les bus de touristes.

Break out the guns and a long leg-rope when a big W swell hits the headland. Access is quite tough from the steep slippery cliff and swirling currents are guaranteed. Experts only. Seals, dolphins and bus-loads of tourists are frequent visitors to this spot.

6. PORS-AR-VAG

Planqué à Lestrevet, un bon beachbreak pour les débutants et par vents d'O. Le Ris est un autre spot de repli, tout aussi mou, mais des falaises le protègent des vents de SO. Ca ne marche pas tout le temps, il y a peu de monde mais l'accès n'est pas évident si on ne connaît pas le spot.

A good beachbreak for beginners isolated in Lestrevet. Le Ris is another sheltered spot, just as sloppy but protected from stormy SW winds by high cliffs. Medium consistency, low crowd factor and not that easy to find the first time.

7. POINTE LEYDÉ

Egalement connue sous le nom de Roches Blanches cette très belle gauche pète à ras la caillasse. Nécessite une très grosse houle, et peut être parfaite avec une tempête de SO. Le spot tolère bien les vents d'Ouest. Attention aux locaux, plutôt tendus à l'eau car les rares jours où le spot fonctionne, il y a beaucoup de monde. Dormir sur les parkings autour de Douarnenez peut vous valoir une amende en été.

A very good left aka Roches Blanches, with a rocky take-off, followed by a long spinning wall. It needs a big swell and can get perfect in a SW storm. Handles W winds. Very hot locals. With consistency as low as 2 and crowds as high as 9 when it does finally break, it's no wonder there's some tension in the water. Freecamping the car parks around Douarnenez risks a ticket in summer.

8. PORZ THÉOLEN

Les alentours de la réserve du Cap Sizun abritent des spots méconnus, beachbreaks et reefs. Checkez l'épave de Porz Théolen, Pors Péron ou la Pointe du Millier, avant de chercher votre propre secret spot. La zone est protégée et cela se voit à la qualité de l'eau. Campings proches.

The north coast of Cap Sizun conceals many little-known reefs and beaches. Check the sunken boat off Porz Théolen, plus Pors Péron or Pointe du Millier, before searching the bays for more secret spots. Cap Sizun is a protected area and water quality is great. Campsites nearby.

FREDERIC LE LEANNEC

CAP DE LA CHÈVRE

KRISTEN PELOU

POINTE LEYDÉ

GWENDREZ

9. BAIE DES TRÉPASSÉS

Bon beachbreak, avec de longues vagues dans les conditions idéales de marée basse avec une petite houle d'Ouest. Le vent de sud y tourne offshore dans la baie. Cette superbe crique choppe la moindre houle, et délivre de longs murs ainsi que d'occasionnels barrels à marée haute à l'extrémité N du spot. Une petite houle le weekend attirera un peu de monde, mais il y a des pics un peu partout le long de la baie. C'est le spot le plus froid du Finistère. Attention aux courants, ça brasse ! Si vous avez le temps, allez sur l'Ile de Sein, de bons reefs vous y attendent (prendre le bateau à Audierne).

A good beachbreak with long rides when the conditions are ideal: low tide and a small W swell. This impressive cove picks up any swell going, churning out some long walls and also occasionally some hefty barrels off the high tide rock at the north end. There will be a crowd on small swell weekends, but there are plenty of easy waves stretched across the bay for all abilities. The name translates as 'Bay of Death' and is justified by the coldest water temps in Finistère. Check out Ile de Sein where there are some good reefs (a boat ride from Audierne). Rips and super-fast offshore currents.

10. SAINT TUGEN

Sans doute le meilleur beachbreak du Cap Sizun puisqu'à plus de 2m on rentre debout dans le tube. Meilleur à marée basse, la plage est orientée idéalement pour recevoir le swell de SO, et de fait le vent de N ne nuit pas. Spot consistant et qui tient la taille. A marée haute, les bodyboarders seront tentés mais les rochers sont vite problématiques. Moins de monde que sur les autres spots de la Baie d'Audierne. Prendre la Pointe du Raz et tourner au niveau de Primelin à La Chapelle St Tugen.

The best beachbreak around in overhead conditions, delivering stand-up barrels at low tide. Faces straight into the SW swells, so any N wind will do and handles more size from more directions than most spots. At high tide, there can be a thumping bodyboarding shorey, but the rocks become a problem. Less crowded than the other Baie d'Audierne breaks. Follow signs for La Pointe du Raz and turn off near Primelin in La Chapelle St Tugen.

11. POINTE DE LERVILY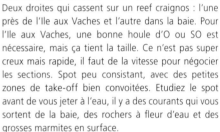

Deux droites qui cassent sur un reef craignos : l'une près de l'Ile aux Vaches et l'autre dans la baie. Pour l'Ile aux Vaches, une bonne houle d'O ou SO est nécessaire, mais ça tient la taille. Ce n'est pas super creux mais rapide, il faut de la vitesse pour négocier les sections. Spot peu consistant, avec des petites zones de take-off bien convoitées. Etudiez le spot avant de vous jeter à l'eau, il y a des courants qui vous sortent de la baie, des rochers à fleur d'eau et des grosses marmites en surface.

Two rights break over shallow reef; one close to the Island of Cows and another in the bay. Needs W or SW swell at decent size to break at Ile Aux Vaches

BAIE DES TRÉPASSÉS

and it will handle some size. Not really a barrel but fast and ledgey, requiring speed and skill to negotiate. Inconsistent and sometimes crowded at small take-off spot. Shallow with rocks popping up and boils plus strong swirling currents exiting the bay - experts only.

12. LA GAMELLE

Ce récif qui a surpris plus d'un bateau arrivant sur Audierne est maintenant marqué par une balise métallique. Quand c'est énorme une vague déroule de chaque coté, la droite étant plus creuse mais aussi plus courte. A marée haute il y aussi un shorebreak pour bodyboard. Marche peu souvent, et il faut ramer sur 200m. Il y a du monde quand ça sature partout ailleurs. Pas un spot de débutant.

This reef surprised many boats before being identified by a metallic beacon. When it's huge everywhere else a wave breaks on each side, the right being shorter and hollower. There's also a bodyboard shorebreak at high tide. Low consistency and a 200m paddle offshore. Gets crowded when everywhere else is maxed. Competent intermediates plus.

13. GWENDREZ

Cette plage de Plouhinec est apparue sur le devant de la scène en 2001 quand des photos de bodyboarders dans des bols de 3m apparurent dans la presse, mais en général ça ferme grave. Il y a plusieurs autres spots mystères dans le coin.

This Plouhinec beach became famous after pics of bodyboarders charging heavy 10ft barrels appeared in the press, despite it being a close-out most of the time. There are many other mysto breaks around.

14. LA TORCHE

15. PORS CARN

La pointe de la Torche cache un beachbreak sous-estimé ainsi qu'une droite de reef à marée haute. Ca peut être bien creux, à la grande joie des bodyboarders. La partie Sud du spot supporte bien le vent de Sud-Ouest. C'est souvent meilleur à mi-marée, et la courbure de la plage autorise le vent de NE. Au large les reefs des Etocs, idéaux pour les couillus du gros surf, tiennent de 3m jusqu'à 6m. Il y a moins de monde à Pors Carn qu'à La Torche, sauf quand ça rentre bien et que les locaux espèrent dénicher la perle du reef ou s'abriter du vent de SO. Parking et commodités sur place.

Just next to La Torche there's an under-rated beachbreak and a righthand reef at high tide. Gets hollow and wedgey, attracting more bodyboarders and the southern corner works on SW winds. The curve of the beach means NE is also ok and it is best around mid tide. The offshore big-wave reefs of Les Etocs can provide perfect 3-6m waves for daredevils only. Pors Carn is usually quieter than La Torche, unless the swell is pumping, when more locals will be looking for the rare perfect days on the reef or in the protected southern corner. All facilities in the car park.

16. LESCONIL

Cette partie de la côte, avec des plages comme Bénodet ou Beg Meil, nécessite une rare combinaison de houle de Sud-Ouest et de vents de Nord pour produire autre chose que des conditions de windsurf. Quand ça marche ici, il y a une jolie gauche sur un reef près du port, creuse et puissante, ainsi que quelques droites. Peu de chance de scorer ici.

This stretch of coast, including nearby Benodet and Beg Meil, requires a rare combination of S swell and N winds to provide anything other than windsurf conditions. When on, a reef close to the harbour offers hollow, powerful, low tide lefts and some lesser rights. Low chance of scoring.

17. LE KÉROU

La rivière Laïta marque la limite départementale entre Finistère et Morbihan. On trouve quelques spots côté Ouest, comme ce beachbreak enroché situé à Clohars-Carnoët. Des gauches rapides et sur-vitaminées pour bodyboarders ne sont pas à exclure, et ça tient à la taille. Fréquence réduite, parfois du monde.

The Laïta river marks the limit between Finistère and Morbihan. There are a few spots on the west side, including this rocky beachbreak in Clohars-Carnoët. Has the ability to get some fast sucky lefts that the local bodyboarders love and handles overhead swell. Inconsistent and sometimes crowded.

POINTE DE LERVILY

LA TORCHE

LONGEUR | LENGTH	+ 4	FOULES | CROWDS	− 7
TUBE | BARREL	+ 6	RISQUES | HAZARDS	− 2
FRÉQUENCE | CONSISTENCY	+ 8	POLLUTION | POLLUTION	− 2
TOTAL	18	TOTAL	−11

Beachbreak très populaire donc surpeuplé le week-end. Très belle droite à la Pointe même si ce n'est pas très puissant. Si vous aimez le soul surfing remontez la plage jusqu'a Tronoën ou Penhors. Les vagues peuvent y être aussi bonne, mais sans 'l'ascenseur' qui permet, à toute taille, de remonter au pic sans effort. Grand parking et toutes les commodités nécessaire à une journée à la plage en famille.

Seminal Brittany surfspot with ultra-consistent, walled-up peak breaking beside a rocky headland. Shorter but hollower rights break into the rip known as 'the elevator' which flows straight to the peak. Lefts speed down the beach but the paddle back can be gruelling. Many more breaks further north along beach at Tronoën or Penhors and mellow rights at the La Torche point at the end of Audierne Bay. Ultra-crowded with all surf craft on weekends. Massive parking and all the facilities for a family day at the beach.

LAURENT NEVAREZ

La Baie d'Audierne est un terrain de jeu tellement grand qu'on peut facilement échapper au monde en mettant cap vers le Nord et les rochers de Penhors.

Audierne Bay is such a massive playing field for surf, so it is easy to escape the crowd by heading north up to Penhors, where the rocks re-appear.

Pour certains la véritable attraction de La Torche sera ce sympathique courant qui aide à remonter au pic sans effort depuis le coin sud de la plage.

The real attraction with the La Torche peak is the joyously helpful rip in the southern corner, allowing a lazy, no-paddle return to the line-up.

MORBIHAN

GUIDEL

1. PLAGE DU LOCH

Avec Guidel plage, le Loch est la plus surfée du coin car très consistante. Ce n'est pas le spot le plus creux, mais les bancs de sable servent un menu tout de même appétissant de marée basse à mi-marée. Le Fort Bloqué, plus mou, est plutôt à conseiller aux débutants et longboarders. Pour du reef préférez Les Moules ou Maeva à marée haute. Les plages de Guidel ne sont pas faites que de sable, on trouve aussi des zones rocheuses. Ecoles de surf, shops et commodités.

Together with Guidel's main beach this is the most consistent and therefore the most surfed spot around. Not the hollowest wave, but nice slashable walls and a mix of sandbars that keeps the crowd happy from low to mid tide. Fort Bloqué is sloppier, but good for beginners and longboards while Les Moules or Maeva provide high tide reef action. Plenty of rocky patches strewn about all Guidel's beaches. Surf shops, schools and all facilities.

2. LES KAOLINS

Des droites rapides et tubulaires sur peu d'eau qui peuvent s'avérer parfaites ! Les gauches sont moins convoitées car elles ont tendance à sectionner. Ca ne marche pas souvent car le spot est sensible au vent et aux marées, et la fenêtre de houle réduite. Beaucoup de bodyboarders. Drops de l'impossible et grosses marmites, à réserver aux experts. A marée basse, le gros bol de la Pointe du Couregan peut offrir des vagues beaucoup plus longues à ceux qui auront ramé 20mn pour l'atteindre.

Near perfect, tubular, fast rights breaking over a shallow ledge. There is also a sucky left off the peak, but it can section off, so the rights are preferred. Rare thanks to narrow swell and tide windows and wind sensitivity. Medium consistency and often crowded with bodyboarders. Only experts can handle the air-drops and boils. Le Couregan is another offshore reef which at low tide can offer much longer rides starting from a large bowl.

LES KAOLINS

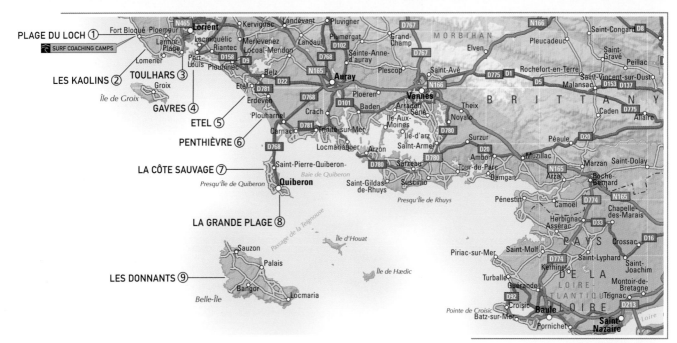

LES KAOLINS

3. TOULHARS

Le spot de repli de Larmor Plage, à voir quand c'est trop gros partout. Le vent de NO n'est pas un soucis, et sur le remontant les vagues peuvent être creuses. Peu consistant, mais attire les surfers de Guidel quand ça marche. Surfrider Foundation s'interroge sur une qualité d'eau douteuse.

Larmor Plage hosts this very sheltered spot that is at its best when everything else maxes out. NW wind is no problem and it can get hollow on the pushing tide. Low consistency, but draws a crowd the 15kms from Guidel when it works. Reports of stinky sewage water being released directly onto this beautiful beach are being investigated by SFE.

4. GAVRES

Cette presqu'île en forme de L reçoit mal le swell, mais bénéficie de diverses expositions aux vents. Le coté de Linès est plus consistant tandis que la Grande Plage est bien protégée des vents d'Ouest. Matez les rochers aux larges.

This L-shaped peninsula doesn't pick-up much swell but benefits from different exposures to the wind. The Linès side is more consistent while Grande Plage is well sheltered from west winds. Check the rocks offshore.

5. ETEL

Ressemble souvent à une immonde barre qui ferme mais parfois quand le vent de terre et les courants infernaux permettent de creuser la vague, les sections tubulaires sont exploitables: le turbo est de rigueur! Un spot pour surfers expérimentés qui marche de temps à autre, rarement surpeuplé. Y'a du rocher vers Magouëro.

Often looks like a close-out, but with offshore winds some tubular sections are makeable. Beware of vicious currents. Only medium consistency, sometimes crowded and requires above average skills to ride successfully. Check out Magouëro rocks.

BELLE-ÎLE

LA GRANDE PLAGE

FX VINCE

7. PENTHIÈVRE

Entre Kerhillio au Nord et l'isthme de Penthièvre, spots de repli, une longue série de beachbreaks intéressants quand la marée est haute sur la Côte Sauvage. Pas pour le surf de gros, mais tout de même de bonnes faces à dénicher parmi les vagues qui ferment. Ambiance détendue et longboards à Sainte Barbe, vagues plus puissantes avec des gens sympa, voire plus si affinité à Tata Beach, toujours du monde aux Crevettes et des vagues plus petites aux Palissades. Camping municipal et commerces aux environs.

Between Kerhillio and the isthmus of Penthièvre, a long stretch of sheltered beachbreaks can be good when the tide is high on the Côte Sauvage. Won't handle too much size, but there could be some nice walls among the close-outs. Longboarders frequent Sainte Barbe to the north, beginners favour Les Crevettes or the always smaller Palissades. Vibes are good, even at the famous Tata Beach. Camping municipal and all facilities at various points.

PORT-RHU

PORT-BLANC

8. LA CÔTE SAUVAGE

Abrite certains des meilleurs spots de Bretagne, avec des vagues creuses et pêchues concentrées sur 2km. Avec une houle de SO à O et un vent d'Est, attendez vous à de copieux barrels. Port-Blanc est la première baie, bien abritée du vent de N par une falaise, mais c'est aussi le spot le plus fréquenté. Port Marie casse au large, Port-Rhu est un pic bien défini où se retrouvent les locaux tandis que Port-Bara est plus accessible malgré le monde. Des reefs retiennent les bancs de sable, mais de gros rochers se trouvent au lineup à marée haute, n'attendez donc pas le plein haut pour sortir. Ca tient bien la taille, mais avec du jus, rendant alors le spot compétitif. Souvent du monde le weekend.

A concentration of some of the best spots in Brittany, with some hollow and powerful waves on a 2km stretch. Top-to-bottom, hard breathing barrels when a WSW swell meets an E wind. Port-Blanc is the first bay, gets some N wind shelter from a cliff and will probably be the busiest spot. Port Marie breaks far offshore and Port-Rhu is a well-defined, localised peak, while Port-Bara is more accessible. Some reef anchors the sandbars and large clusters of rock affect the line-up at high tides, so exit before dead high. Handles size, when the waves and rips get punishing - not for improvers. Often crowded on weekends.

9. LA GRANDE PLAGE

La plage du centre ville de Quiberon fait office de spot de repli en cas de très gros swell de Sud-Ouest et le port vient bloquer les vents d'Ouest. Les vagues sont meilleures à marée basse sauf pour les body qui apprécient le shorebreak. Course de paddleboard tous les ans le 15 Août.

Right in the centre of Quiberon is the most sheltered spot of the peninsula. W winds are blocked by the port structure and waves are better at low tide except for bodyboarders that like the shorebreak. Quiberon's paddleboard race is held every year on August 15th.

10. LES DONNANTS

Belle-Île mérite le détour, car outre le beachbreak consistant des Donnants et son mix de droites et de gauches, ça surfe aussi au Sud (à Herlin) et même parfois à l'Est, à Port An-Dro. Plages fréquentée en été, avec une surveillance MNS et des écoles de surf. Ferry toute l'année, on peut traverser avec son véhicule. Attention aux rochers et à la foule estivale.

Les Donnants is the most consistent beachbreak on the island of Belle-Île, with some defined rights and a left back into the cliff channel. There's more surf to the south (in Herlin) and even on the east side, in Port An-Dro. Lifeguards, surf school and all the usual summer beach holiday stuff. There's a year-round car ferry. Beware of rocks and summer crowds.

CH⚓PPA KUSTOM

CROWD CONTROL

CÔTE DE

LOIRE-ATLANTIQUE

Une série d'îles et de caps s'avancent dans le golfe de Gascogne comme des doigts rocheux venant agripper les vagues. Elles déferlent ensuite sur des reefs couverts de moule à l'occasion d'une bonne houle d'ouest.

A handful of islands and promontories poke rocky fingers into Biscay, grasping some good waves over mussel covered reef platforms when moderate to strong W swells arrive.

+ MIX REEFS & BEACHBREAKS
+ SPOTS DE REPLI SUR LES ÎLES
+ OPTIONS VARIÉES SUIVANT LA HOULE ET LE VENT
+ VAGUES TOUTE L'ANNÉE

– EXPOSITION RÉDUITE AUX HOULES DE NW
– VENT ONSHORE EN HIVER
– FORTES AMPLITUDES DE MARÉE
– DU MONDE À PROXIMITÉ DES VILLES

Dans ce chapitre couvrant les régions Pays de la Loire et Poitou Charentes, les départements de la Loire Atlantique et de Charente Maritime accompagnent la Côte de Lumière vendéenne. Ce nom n'est pas dû au hasard, car cette région bénéficie du plus grand nombre d'heures d'ensoleillement de la côte Atlantique. C'est un mélange fascinant qui tient à la fois des côtes tortueuses de Bretagne et des longues étendues rectilignes des dunes aquitaines, avec toute une série de spots qu'on sous-estime souvent. Le plateau continental s'étend assez au large de la côte et la Bretagne bloque un peu les houles de Nord-Ouest à Nord, les beachbreaks n'ont donc pas la puissance des meilleurs spots situés plus au Sud. On y trouve néanmoins des reefs et des dalles de rochers plats assez intéressants, notamment sur les îles. Les grandes villes côtières amènent du monde sur les spots toute l'année, mais cette partie de la France reste souvent négligée par les surfers qui descendent vers le Sud. Les beachbreaks marchent plus du printemps à l'automne, tandis que l'hiver on recherchera plus les îles et les reefs un peu abrités de la houle et du vent.

LUMIÈRE

BUD BUD

COAST OF LIGHT

The départments of Loire Atlantique and Charente Maritime have been added to Vendée's aptly named Côte de Lumière. Lumière means 'light' and it's a fact that this region receives the highest sunshine hours on the French Atlantic coast. It's an intriguing mix of Brittany's broken up coastline and Aquitaine's long straight sand dunes, with a good selection of underrated waves. The continental shelf extends out into the Bay of Biscay and there is a bit of a N-NW swell shadow from Brittany, so the beachbreaks don't quite have the power of the more famous spots further south. However, some interesting rocks and flat slab reefs can be found, particularly on the islands in the area. Proximity to some large cities ensures year-round crowds at the best spots, but this coastline is often overlooked by travelling surfers heading south. Spring to autumn for the beachbreaks until the winter swells and winds divert the focus to the island breaks and reefs that offer some protection.

+ MIX OF REEFS AND BEACHES
+ SECLUDED ISLAND SPOTS
+ WIND & SWELL OPTIONS
+ YEAR-ROUND WAVES

– LOWER NW SWELL EXPOSURE
– WINTER ONSHORES
– TIDALLY SENSITIVE
– CROWDS NEAR CITIES

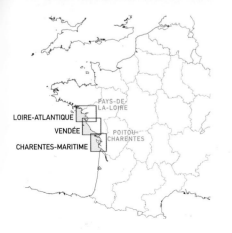

PAYS-DE-LA-LOIRE
LOIRE-ATLANTIQUE
VENDÉE
POITOU-CHARENTES
CHARENTES-MARITIME

SURF STATS - La Sauzaie		J F	M A	M J	J A	S O	N D
HOULE	Dominante | Dominant swell	◑	◑	◑	◑	◑	◑
	Hauteur (m) | Size	2.2	1.6	1.2	0.9	1.5	2.2
	Fréquence (%) | Consistency	70	57	38	24	50	62
VENT	Dominante | Dominant wind	◔	◔	◔	◔	◔	◔
	Force moyenne | Average force	F4-F5	F4	F3-F4	F3	F3	F4-F5
	Fréquence (%) | Consistency	52	54	58	58	51	53
TEMP.	Combinaison | Wetsuit	🧍	🧍	🧍	🧍	🧍	🧍
	Temp. de l'eau (°C) | Water temp.	10 9	9 12	14 17	19 19	18 17	15 12

POPULATION
Loire Atlantique – 1 266 358
Vendée – 607 430
Charente-Maritime - 611 714

LITTORAL | COASTLINE
133km (83mi)
74km (46mi)
463km (288mi)

COMPETITIONS
Protest Vendee Pro (WQS Mens 4 Star, La Sauzaie, April)

S'Y RENDRE | GETTING THERE

Ryanair permet de rejoindre La Rochelle depuis Londres, Bruxelles, Oslo et Porto, et connecte également l'aéroport de Nantes avec l'Irlande, le Royaume-Uni et Marseille. Airliner vole depuis Lyon, Easyjet depuis Londres et Bristol, tandis que Flybe offre des liaisons depuis Southampton, Birmingham et Manchester. En Vendée les gares de Surgères et La Rochelle sont desservies par le TGV (2h30 à 3h depuis Paris Montparnasse). Les autoroutes A10 (E5, Paris-Bordeaux) et A837 (E602, Saintes-Rochefort) mettent Paris à moins de 5h de La Rochelle.

Ryanair fly into La Rochelle from London, Brussels, Oslo and Porto, as well as connecting Nantes to regional airports in Ireland, UK and Marseille. Airlinair link Lyon, Easyjet fly out of London or Bristol and Flybe service Southampton, Birmingham and Manchester UK. Vendée is served by the TGV at Surgères and La Rochelle (2.5-3hr from Paris Montparnasse). The A10 motorway (E5, Paris-Bordeaux) and A837 (E602, Saintes-Rochefort) will get you the 460kms to the coast in about 5hrs.

SUR PLACE | GETTING AROUND

Les bus régionaux, bien que nombreux, ne permettent pas de rejoindre facilement les spots et une voiture s'avère vite indispensable. Surtout en Vendée, où les villes majeures sont peu nombreuses. Les ponts pour rejoindre les îles de Ré et Oléron sont à péage, avec des tarifs majorés en été, surtout pour les vans! Si vous restez dans le coin un moment et prévoyez plusieurs passages, optez pour les carnets de tickets, plus rentables.

There are many local buses, but getting to the surf is really going to require a car, especially in Vendée where there are fewer major towns. Tolls to use the bridges to the islands Ré and Oleron go up in summer and can be considerable for a van – buy cheaper multi-trip tickets if you are in the area for a while.

LOGEMENT ET GASTRONOMIE | LODGING AND FOOD

A l'exception de quelques surf-camps saisonniers, il n'y a guère d'options logement en adéquation avec les attentes des surfers. Il faut donc se rabattre sur les campings (autour de 15/20€ par nuit en saison), les villages vacances (250/300€ la semaine) ou encore les Chambres d'hôtes (65€ en haute saison). Les mets locaux se composent de poissons, coquillages, canards, fayots, fromages de chèvre…sans oublier le beurre salé, l'excellent farci poitevin, le tourteau fromagé et les brioches de Vendée. La Charente Maritime produit également huitres, melons, foie gras, vins et Cognac!

There is little in the way of bespoke accommodation for surfers in the region as far as surf camps go. There are lots of straight tourist options in the seasonal camping (fr €17/n) to Holiday Villages (fr €273/wk) to Chambres d'hôtes (fr €65/n, high season). Gastronomic delights include fish, shellfish, duck, haricot beans, goat cheeses, butter and a stuffing paté called Farci Poitevin. The famous Tourteau Fromagé local cheesecake is a must-taste and brioche is another proud local product of the Vendée. Oysters, melons, foie gras, wine and cognac are all produced in Charente Maritime.

LES SABLES D'OLONNE

JULIEN GAZEAU

LA BAULE

ZOO DE LA PALMYRE, ROYAN

One of the biggest tourist drawcards to the region is the Zoo de La Palmyre in Royan where the 1600 animals are housed in spacious enclosures (although we doubt the polar bears agree) and interaction with some species is possible. This region of France is very low-lying with salt marshes and forests planted to help stabilize the coastal strip. Golf, boating, horse riding and cycling are all well catered for in the warmer months.

DANGERS | HAZARDS AND HASSLES

L'activité touristique se cantonnant à l'été, il n'y a pas grand monde d'Octobre à Avril et de nombreux commerces sont fermés en attendant le retour des touristes. La Côte Sauvage doit son appellation aux forts courants et déferlantes façon Hossegor. Circuler sur les routes départementales prend bien souvent plus de temps que l'on ne pourrait croire. Surfer sur les îles revient plus cher, surtout à l'île d'Yeu avec la liaison maritime à 18€ par trajet, la location d'un vélo sur place et/ou les tickets de bus.

This region is really quiet from October to April with many businesses shut down till the tourists return. La Côte Sauvage has earned its name with Hossegor-like rips and slamming lips. It always takes longer than you think to get around on the slower D roads. It's expensive to surf the islands, especially Ile d'Yeu which is around €18 e/w and then you need to rent a bicycle or take the bus.

CONSEILS | HANDY HINTS

On trouve des surf-shops ouverts toute l'année à St Gilles Croix de Vie, aux Sables d'Olonne, à La Rochelle ainsi qu'à Saint-Pierre d'Oléron. Avril, Mai et Juin sont certainement la meilleure période pour partir, le climat est idéal et les touristes n'ont pas encore débarqué.

There are year-round surf shops in the bigger towns like St Gilles Croix de Vie, Sables d'Olonne, La Rochelle and Saint-Pierre-d'Oleron. April, May and June can be ideal as weather is good before main tourist season kicks in.

CLIMÀT	WEATHER – Nantes	J/F	M/A	M/J	J/A	S/O	N/D
Précipitations (mm)	Total rainfall	79	59	55	45	70	86
Fréquence (j/m)	Consistency (d/m)	15	14	13	9	15	16
Témperature min. (°C)	Min temp.	2	5	10	13	10	3
Témperature max. (°C)	Max temp.	8	13	20	23	18	9

CLIMAT | WEATHER

La Vendée et la Charente-Maritime doivent leur doux climat à l'influence océanique, qui est également la cause de précipitations importantes et de bonnes tempêtes en hiver. Margré cela la Vendée compte parmi les départements français les plus ensoleillés, avec 2250 à 2500 heures de soleil par an et une performance énergétique de 1268 kWh/m²/an, attrayante pour ceux qui optent pour le solaire! La moyenne des précipitation s'établit à 900mm par an. Les températures habituelles varient entre 5°C en hiver et 20°C en été.

The mild climate of the Vendée and Charente-Maritime departments is dictated by the Atlantic Ocean, so the coast experiences significant rainfall in winter and a few big storms. However, the Vendée is one of the sunniest departments of France with 2250-2500 annual sunshine hours and big solar energy received figures (1268 kWh/m²/yr for those of you with solar panels!). This averages out the rain at less than 900mm of precipitation per year. Average temperatures vary from 20°C (68°F) in summer to 5°C (41°F) in winter.

NATURE ET CULTURE | NATURE AND CULTURE

Le Zoo de La Palmyre près de Royan est un element phare du patrimoine de la region, On peut y observer plus de 1600 animaux en tous genres, en parcourant les 4km qui sillonnent les 18ha du parc. Cette région de France possède un relief quasi inexistant, ainsi marais-salants et forêts artificielles aident à stabiliser la bande côtière.

ROYAN

LA GOVELLE

LOIRE-ATLANTIQUE

2. LA COURANCE

Ces vagues creuses cassant près du bord attirent plutôt bodyboards et skimboarders, notamment quand ça se cale à coté de la pointe. Le fond est sablonneux, avec toutefois quelques rochers ici et là. A marée haute les droites du Grand Traict, un peu plus au Nord, offrent une option surf pépère. Suivre la direction de Sainte Marguerite.

Consistent but small, sucky shorebreaks make this little beach popular with bodyboarders and skimboarders. A nice peak can also form by the point. Some scattered rocks, but mainly all sand. At high tide, check the soft righthanders of Grand Traict to the north. Follow signs to Sainte Marguerite.

3. L'ERMITAGE

Une fois passé au S de l'estuaire de la Loire, on trouve du surf de beachbreak sur les plages de Saint-Brevin. La première est les Rochelets mais c'est souvent un peu mieux à L'Ermitage, surtout sur le montant. Il peut

1. LA GOVELLE

Ces reefs peuvent attirer un max de surfers de la Baule quand les conditions sont réunies. Les droites sont généralement mieux calées, surtout quand ça prend de la taille, mais attention à marée basse au reef tapissé de moules. Valentin, à Batz sur Mer, offre un beachbreak de qualité moyenne avec quelques reefs ensablés. C'est peu consistent mais il y a pourtant toujours du monde à l'eau.

A couple of wind-sensitive reefs that draw significant crowds from La Baule. The rights are usually better lined-up and improve with size. Sharp, mussel-covered rocks are close at low tide. Valentin is another average sandy stretch of beach with rocky patches in Batz sur Mer. Inconsistent and always crowded.

LA COURANCE

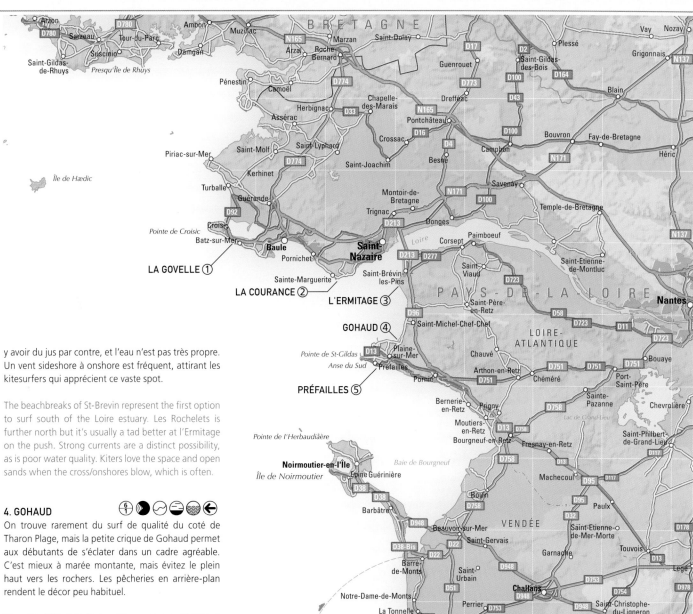

y avoir du jus par contre, et l'eau n'est pas très propre. Un vent sideshore à onshore est fréquent, attirant les kitesurfers qui apprécient ce vaste spot.

The beachbreaks of St-Brevin represent the first option to surf south of the Loire estuary. Les Rochelets is further north but it's usually a tad better at l'Ermitage on the push. Strong currents are a distinct possibility, as is poor water quality. Kiters love the space and open sands when the cross/onshores blow, which is often.

4. GOHAUD

On trouve rarement du surf de qualité du coté de Tharon Plage, mais la petite crique de Gohaud permet aux débutants de s'éclater dans un cadre agréable. C'est mieux à marée montante, mais évitez le plein haut vers les rochers. Les pêcheries en arrière-plan rendent le décor peu habituel.

It's quite difficult to find quality waves around Tharon Plage, but the tiny bay of Gohaud will appeal to beginners, with easy waves in a nice environment. Gently shelving sands favour incoming tide, but avoid high near the rocks. The fishing platforms on stilts (pecheries) make an unusual backdrop.

5. PRÉFAILLES

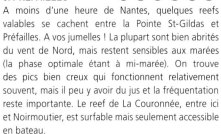

A moins d'une heure de Nantes, quelques reefs valables se cachent entre la Pointe St-Gildas et Préfailles. A vos jumelles ! La plupart sont bien abrités du vent de Nord, mais restent sensibles aux marées (la phase optimale étant à mi-marée). On trouve des pics bien creux qui fonctionnent relativement souvent, mais il peu y avoir du jus et la fréquentation reste importante. Le reef de La Couronnée, entre ici et Noirmoutier, est surfable mais seulement accessible en bateau.

Only an hour from Nantes, the surrounding area of Préfailles and Pointe St Gildas hide a few reefs worth searching for. Most have N wind protection and are tidally fickle, working mainly around mid. Sucky walled up peaks fill in with the tide and currents can be strong. Medium consistency and crowds. Binoculars will come in handy. The reef of La Couronnée, between here and Noirmoutier, is only surfable by boat.

ANTOINE QUINQUIS

SECRET SPOT

VENDÉE

ST-GILLES-CROIX-DE-VIE REEF

1. ÎLE D'YEU

Faute à un plateau continental qui remonte et filtre mêmes les houles les plus puissantes, y'a pas grand chose qui rentre entre Noirmoutier et St Jean de Monts. C'est un peu mieux sur l'île d'Yeu qui bénéficie d'une belle fenêtre de swell. Ca peut rentrer du Sud, sur la plage des Vieilles au Nord, à La Pulante.

Between Noirmoutier and St Jean de Monts, the shallow continental shelf filters even the most powerful swell, but this island benefits from deeper water and a wide swell window. Check between Plage des Vieilles on the south side and La Pulante to the north. Needs a strong swell to get going – often flat in summer.

2. ST-GILLES-CROIX-DE-VIE

Un vrai spot de ville avec une promenade qui assure toujours un max de public, mais cause un méchant backwash à marée haute. C'est plutôt mou, mais ne sature pratiquement jamais puisqu'on peut surfer le long de la jetée quand c'est gros. En été marchez vers le sud pour être tranquille. Ca marche souvent, d'où une fréquentation élevée. On trouve diverses commodités à proximité, y compris des surf shops et écoles. Vous trouverez d'autres beachbreaks plus au Nord à St-Jean-de-Monts, ainsi qu'à Barbatre sur l'Ile de Nourmoutier.

City spot with a concrete promenade that ensures a good number of onlookers, but also a nasty backwash at high tide. Usually mushy but rarely closes out close to the jetty when it's big and windy. In summer walk south to find empty peaks. High consistency, often crowded and all facilities including surf shop and school. More open beachbreak to the north at St-Jean-de-Monts and on Ile de Nourmoutier at Barbatre.

3. LA SAUZAIE

LES DUNES

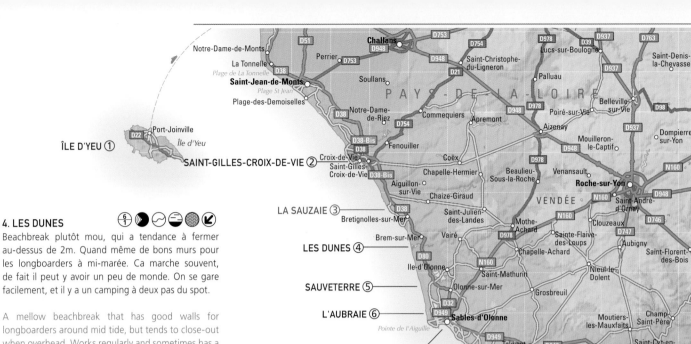

ÎLE D'YEU ①

SAINT-GILLES-CROIX-DE-VIE ②

LA SAUZAIE ③

LES DUNES ④

SAUVETERRE ⑤

L'AUBRAIE ⑥

LES SABLES D'OLONNE ⑦

SAINT-NICOLAS ⑧

LES CONCHES ⑨ **LE PHARE** ⑩
BUD BUD **L'EMBARCADÈRE** ⑪

4. LES DUNES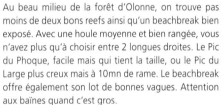

Beachbreak plutôt mou, qui a tendance à fermer au-dessus de 2m. Quand même de bons murs pour les longboarders à mi-marée. Ca marche souvent, de fait il peut y avoir un peu de monde. On se gare facilement, et il y a un camping à deux pas du spot.

A mellow beachbreak that has good walls for longboarders around mid tide, but tends to close-out when overhead. Works regularly and sometimes has a little crowd including wave-jumpers. Easy parking and a huge campsite opposite.

5. SAUVETERRE

Au beau milieu de la forêt d'Olonne, on trouve pas moins de deux bons reefs ainsi qu'un beachbreak bien exposé. Avec une houle moyenne et bien rangée, vous n'avez plus qu'à choisir entre 2 longues droites. Le Pic du Phoque, facile mais qui tient la taille, ou le Pic du Large plus creux mais à 10mn de rame. Le beachbreak offre également son lot de bonnes vagues. Attention aux baïnes quand c'est gros.

In the heart of the Olonne Woods, this exposed beachbreak also has two good reefs with long rights. On a clean, moderate swell, choose between the easy Pic du Phoque that can handle size, and the hollower Pic du Large that requires a 10mn paddle. The beachbreak gets some good waves as well. Watch out for swirling rips at size. Scores 7 for consistency and 6 for crowds.

6. L'AUBRAIE

Cette autre plage propose différents pics et un reef, on y surfe des gauches courtes et creuses, toujours meilleures que les droites. La marée a une grande influence sur le spot, qui peut aussi offrir des vagues plus longues et plus soft. A marée haute, le backwash devient problématique sur le sable et il vaut alors mieux opter pour le reef. Rochers coupants, sauf sur le beachbreak médiocre. Il faudra marcher quelques minutes depuis La Chaume. Le camping est ouvert en été seulement, l'hiver seuls quelques locaux surfent le spot.

Another beach with several peaks over fingers of reef, where the short, hollow lefts are always better than the rights. Gets longer and softer depending on the tide, with the reef preferring high when the beach turns into shoredump with backwash. Sharp rocks, except on the poor beachbreak. Campsite in summer only, so only a few locals out of season.

7. LES SABLES D'OLONNE

Jamais top mais toujours surfable, la Baie des Sables est avant tout un spot de repli quand ça bastonne partout ailleurs ou que le vent de Nord souffle trop. Un peu plus au Sud, Tanchet a moins tendance à fermer, tout en chopant plus de houle. Quand c'est gros, les meilleures vagues se trouvent près de la jetée. Un large reef emprisonne le sable, et ça fonctionne mieux sur la fin du descendant. Il y a souvent du monde car les vagues sont souvent plus propres et plus accessibles que sur les spots aux alentours.

Never awesome but always surfable, the bay of Les Sables remains a good shelter when everything else is maxed or blown out by N winds. Close to the jetty is best at size, while to the south, Tanchet picks up more swell and less close-outs. The large reef holds the sand and is best dropping down to low. Often crowded since it is always cleaner and smaller than the open beaches.

8. SAINT-NICOLAS

En cas de grosse houle, quelques vagues discrètes jalonnent la côte au Sud des Sables. Les plus connues sont les longues gauches de la Plage de la Mine, près du Parc de la Grange. Au Nord de Jard, on trouve aussi une bonne droite. A vous de trouver les autres! Préférez la marée montante avec une houle de NO.

In a big storm, search for a few secret spots scattered to the south of Les Sables. The long lefthanders of Plage de la Mine, close to Park de la Grange, are amongst them. Favours rising tide and NW swell. Have a look for a righthander, north of Jard.

JULIEN GAZEAU

LES SABLES D'OLONNE

LA SAUZAIE

LONGEUR	LENGTH	+ 5	FOULES	CROWDS	− 8
TUBE	BARREL	+ 5	RISQUES	HAZARDS	− 4
FRÉQUENCE	CONSISTENCY	+ 7	POLLUTION	POLLUTION	− 2
TOTAL		**17**	**TOTAL**		**−14**

La 'Sauze' est un spot incroyable qui propose toujours d'excellentes vagues, avec des sections tubulaires qui déferlent sur une dalle rocheuse recouverte d'algues. Le shape du reef fait que c'est toujours plus gros et plus puissant que sur les spots voisins. Pas mal de bons petits pics de droites et de gauches mais quand c'est gros, place aux gros carves sur des murs qui ont du répondant. Les pics bougent pas mal ce qui étale un peu la foule tandis que les bons surfers partent à contre-pic pour choper un max d'énergie. Un vent onshore faible ne gêne pas trop. Attention aux rochers et à la falaise, plus proches à marée haute. C'est un site de compétition et cela ce ressent au line-up des que ça marche (assez souvent). Le spot est atypique, avec la bouée jaune de La Sauzaie et un impressionnant totem de surfer en bois appelé Le Motaï, réalisé par l'artiste Manou. Y'a aussi la droite de Killer juste au Nord, mais les rochers ne sont jamais bien loin.

Short but exceptional, seaweed-covered reef offers superb tubular sections and overall brilliant waves. Always bigger and more powerful than surrounding beaches thanks to the shape of the reef. Lots of little slots on the rights and lefts but it can also handle some size when rumbling walls offer an open canvas. Shifts around a bit and keeps everyone guessing with lots of backdooring the peak. Handles a bit of onshore wind and can get close to the rocks and cliff at high tide on a smaller day. It's a regular contest site and the crowd is very competitive on any given day. Landmarks include the yellow La Sauzaie buoy and the impressively tall Polynesian style wood totem of a surfer and board called Le Motaï by artist Manou. The super shallow rights of 'Killer' are immediately to the north.

On constate chaque année que la Sauze est une vague régulière et fracassable, tout à fait adaptée aux compétiteurs du circuit ASP, prouvant au passage que la Vendée n'est pas qu'un pays de nautisme.

It's obvious that this is a consistent and ripable spot, capable of hosting good contestable waves for the pro surfers on the ASP Star Series, proving Vendée is not just for sailing.

MASUREL/AQUASHOT

BUD BUD.

9. LES CONCHES/BUD BUD

Les plages de Longeville peuvent rappeler les Landes, avec des vagues creuses et puissantes, dont la qualité est étroitement liée à la formation des bancs de sable. La plupart des gens surfent Les Conches car c'est le spot le plus proche du parking, mais aussi car les vagues y sont aussi plus faciles. Si vous cherchez des vagues qui envoient la sauce, marchez au Sud direction Bud-Bud et ses vagues bien creuses. Ca tient bien la taille, et à marée haute les vagues seront plus longues. Encore plus au Sud se trouve La Terrière, spot idéal pour esquiver la foule estivale. Un gros camping, une école de surf, des vagues régulières : tout est réuni ici pour trouver des surfers de tous niveaux sur des engins de tous types!

The breaks of Longeville offer hollow, powerful waves quite similar to those found in Landes and likewise depend on sandbanks formation. Most people surf Les Conches because it is closest to the parking lot, and can be an easier ride with more wall than tube. Walk south towards Bud-Bud for more power and increasingly hollow peaks that get meaner with size on the shallower sandbars. Handles overhead plus and the higher tide walls can taper off through channels giving good length of ride. Even further south is La Terrière, where the smart surfers go to avoid the regular crowds that blow out in summer. Big campsite, surf school and high consistency waves conspire to make this spot a real scene with all abilities and types of surfcraft.

10. LE PHARE

Magie du spot de repli, les grosses conditions hivernales se transforment ici en longues droites faciles qui s'enroulant autour de la Pointe du Groin. Attention il n'y guère qu'à marée haute que les nombreux rochers sont bien recouverts, et si le vent de N souffle c'est cuit. Les vagues peuvent être longues au point qu'il vaut mieux remonter à pied plutôt qu'à la rame. On trouve un parking pour camping-car. Ca ne marche pas toujours, mais quand c'est le cas les longboarders rappliquent!

LE PHARE & L'EMBARCADÈRE

As the swell wraps around the Pointe du Groin, big, stormy surf can turn into long, mellow rights. It's only safe at high tide, since rocks litter the line-up and any N in the wind will do. Can produce really long rides parallel to the sand so walk back to avoid the sweep. Campervan parking for legal overnighting. Moderate consistency and plenty of longboarders on it when it works.

11. L'EMBARCADÈRE

Spot de repli par excellence quand le swell se déchaine, avec à la clé de longs rides qui commencent à l'embarcadère de La Tranche sur Mer. Une solide houle d'Ouest combinée à un vent de NO sont nécessaires pour voir de longues droites faciles déferler le long du rivage; de fait ça ne marche pas en été. Vu que ce n'est jamais trop gros et facile à surfer avec l'option de repasser la barre à pied, pas étonnant d'y voir autant de monde les rares jours où ça marche. La Baie du Maupas fait l'objet de confrontations entre Surfrider et des élus locaux qui ont tenté de construire illégalement une digue fatale à la vague, afin d'abriter des bateaux.

The most popular spot during stormy surf, with long mellow rides starting from the pier in La Tranche sur Mer. Big W swell with accompanying NW winds are needed to get this soft, playful right wall peeling down the shoreline so don't expect any summer action. Lot's of confrontation between Surfrider chapter and local council who illegally tried to build a wave-destroying breakwater to protect the fleet of pleasure boats moored in the bay of Maupas. The fact that it's never too big, always easy to surf and has the option of walking back to the peak ensures record crowds.

CHARENTE-MARITIME

ÎLE DE RÉ

1. LE LIZAY

Une gauche puissante et une droite plus courte et molle à marée haute. Ca peut être parfait par houle d'Ouest, mais gaffe à la dalle de rochers, c'est un spot pour surfers avertis. Si c'est très gros et onshore ici, matez Rivedoux au Sud-est de l'île.

A powerful left with a shorter, softer right at higher tides. Can show perfect shape when a W swell hits the shallow rock ledge. Skilled surfers only. If it's huge and onshore, check Rivedoux in the SE corner of the island.

2. LA COUARDE

Sûrement la vague la plus creuse de l'île, mais qui reste assez quelconque à moins qu'une bonne houle d'Ouest ne rentre. Des pics de part et d'autre d'une jetée en bois devant le parking de La Pergola. On trouve quelques reefs plus bas vers Le Bois, ainsi qu'un autre bon pic au Gouyot, vers Gros Jonc et gros son camping!

Probably the most hollow wave on Ré, but remains pretty average until a really good W swell kicks in. There are two rideable peaks on either side of a wooden jetty in front of the Pergola parking lot. More reefy peaks appear down towards Le Bois and a good peak at Le Gouyot near Gros Jonc, where there's a big campsite.

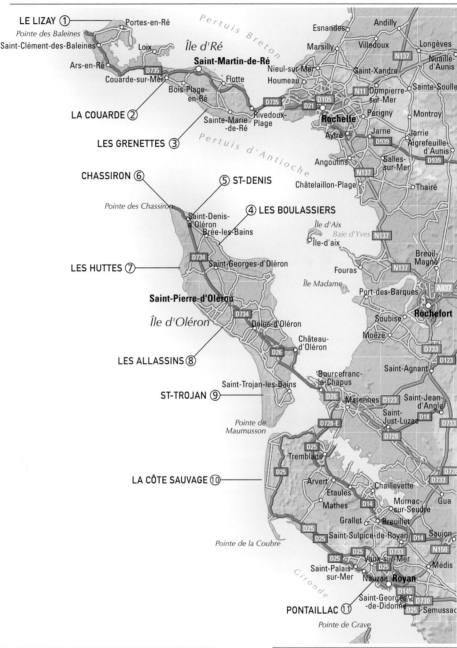

LA COUARDE

3. LES GRENETTES

Des vagues très accessibles qui marchent par tout type de swell, mais pas à marée basse. On y surfe surtout des gauches sur un reef plat, mais des droites sont aussi au menu. Montez à Gros Jonc s'il y a trop de monde.

Soft-breaking peaks in any kind of swell as long as low tide is avoided. Predominantly a left over flat reef but going right is a possibility. It gets crowded, but just north at Gros Jonc, the crowd thins.

ÎLE D'OLÉRON

4. LES BOULASSIERS

Avec une marée bien haute, les plus gros swells viennent s'enrouler autour de l'île pour former une longue gauche tranquille au Sud de La Brée les Bains. Quelques droites également à l'écart de la pointe. Etant donné que c'est offshore avec une tempête d'Ouest, vous ne serez pas seul à l'eau les rares jours où ça fonctionne.

Swells over 3m wrap around the island to produce this long and mellow lefthander, provided the tide is high enough. Also peaks up a bit wider from the point offering some rights. Since it is offshore in a W storm, crowds congregate on the rare days that it breaks. South of La Brée les Bains.

5. ST-DENIS

Autre spot de repli populaire, la longue gauche du port de St-Denis disparut un temps suite à des travaux, pour réapparaître ensuite le long de la nouvelle digue Est. Marche plus souvent que Les Boulassiers.

Another huge swell option, the port's long lefthander disappeared for a while due to construction works, only to reappear next to the new jetty. More consistant than Les Boulassiers.

6. CHASSIRON

De longues gauches déroulent sur un plateau de reef irrégulier, ainsi que des droites plus courtes mais à marée basse seulement. Sortez à mi-marée si vous ne voulez pas vous faire mal ! Probablement le meilleur spot de l'île, la Pointe de Chassiron et ses reefs qui réceptionnent un max de houle se méritent: courants violents et rochers menaçants réservent l'endroit aux surfers expérimentés.

Peaks break over a rocky, uneven shelf leading into long walled lefts and shorter rights at low tide only. Get out at mid tide before the surge over the reef. It's Oleron's premier spot and highly consistent but violent rips and shallow rocky bottom should deter the less skilled. Booties protect against urchins on the long walk over the channelled fishing reef.

7. LES HUTTES

Trois Pierres, aka les Huttes, est un shorebreak multipic assez massif, parfois tubulaire. Fonctionne bien sur houle de Nord ou Nord-ouest et avec un vent d'Est mais vous ne serez certainement pas seul à venir voir. Un solide swell est ici synonyme de courant, et le fond n'est pas fait que de sable... Les Seulières plus au Sud est dans le même esprit. Nombreux campings aux alentours.

Trois Pierres, aka Les Huttes, is a pounding shorebreak offering several tubey peaks close to shore on higher tides. Many will check it with E winds and a NW swell. Can get rippy on bigger swells and there are scattered patches of reef around. More of the same in Les Seulières, to the south. Plenty of campsites nearby.

BERNARD CHOQUET

CHASSIRON

YEP

VERT-BOIS

PONTAILLAC

This large beach offers an ample choice of peaks, always very consistent and accessible, but any wind other than offshore will ruin the session. Tough paddle-out when it hits headhigh. Low tide rips get stronger towards Maumusson Point.

10. LA CÔTE SAUVAGE

Près de 15 kms de beachbreak consistants mais plutôt mou si ce n'est pas offshore. Ca peut parfois être gras et creux comme dans les Landes! Pics au choix du Nord (Pointe Espagnole) au Sud (phare de la Coubre) en passant par La Bouverie, un site de compétition. Y'a pas mal de courant et on dérive facile. Pleins de campings aux alentours.

15km of west-facing beachbreaks need an offshore wind to shape worthwhile rides. Can be hollow and heavy when it imitates Landes. More reliable in the north nearer Pointe Espagnole, otherwise try La Bouverie and the Coubre lighthouse to the south. Strong, open beach undercurrents and longshore drift. Contest site. Plenty of campsites.

11. PONTAILLAC

La Conche de Pontaillac, toute proche du centre de Royan est bien à l'abri du vent et des swells massifs hivernaux. Celui-ci est très populaire, mais on trouve d'autres spots de repli dans les environs.

The tiny bay of Pontaillac offers shelter from large swells and strong winds, right within the city of Royan. Needs size and high tide to be any good. If swimmers or beginners crowd the line-up, look for similar options in the area like Nauzan or Suzac.

8. LES ALLASSINS

Ca surfe à Vert-Bois, mais les rochers aux larges bloquent un peu le swell. Les Allassins, à 300m au S, prennent toujours un peu mieux la houle. Ce bon spot d'automne préfère une marée montante, qui améliore les vagues en taille comme en qualité. Un coin très populaire mais avec de la place pour tous.

Many surfers stop in Vert-Bois but offshore rocks block some of the swell. Les Allassins, 300m south, always picks up a bit more swell. Needs the incoming tide to improve size and shape and has it's days in autumn. Probably the most popular surfing area, but there's plenty of room for everyone.

9. ST-TROJAN

La grande plage de Saint-Trojan laisse amplement le choix du pic. C'est le coin le plus consistant et les vagues sont faciles, mais sensibles au vent onshore. Si c'est gros il devient alors difficile de passer la barre. Le jus de la marée basse s'intensifie en approchant de Maumusson.

LA CÔTE SAUVAGE

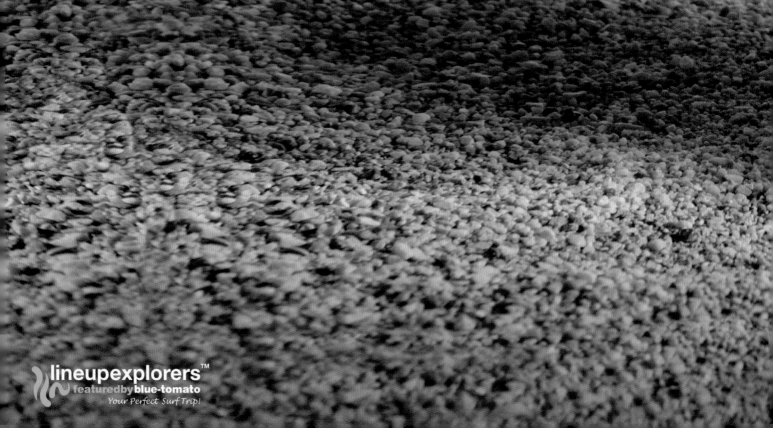

SURFING
SINCE 2005

HOSSEGOR, LANDES

A Hossegor, l'action est toute proche, pour le plus grand plaisir des spectateurs sur la plage !

It's hard not to be impressed when the action is this close. Hossegor spectator claim.

Le grand estuaire de la Gironde marque la séparation entre les côtes rocheuses du Nord de la France et les immenses étendues de sable au Sud qui constituent la plus grande plage d'Europe. Le littoral de la Côte d'Argent, qui comprend notamment les départements des Landes et de la Gironde, est en effet une plage de sable rectiligne depuis la Pointe de Grave, à l'embouchure de la Gironde, jusqu'à la longue digue du Boucau qui borde l'Adour. Cette « plage » est à une échelle démesurée, et malgré quelques variations en qualité le long des petites villes de la côte, c'est sur ces 237km de sable que l'on trouve la plus grande concentration de pics tubulaires en Europe. Les surfers de Bordeaux vont souvent à Lacanau, où ça marche souvent et où fut organisé la première compet pro en France, et vont surfer les spots alentours par les routes et les pistes qui traversent la forêt de pins. De longues portions de plage restent désertes, car les gens se concentrent souvent près des villes et des parkings même en été, alors que 20mn de marche à pied suffisent pour trouver des vagues beaucoup moins fréquentées. Même topo au Sud du bassin d'Arcachon jusqu'à Vieux-Boucau, où il commence à y avoir plus de monde et de taille au niveau des vagues.

ENT

NICO CHAPMAN

GIRONDE
LANDES | AQUITAINE
HOSSEGOR

The wide River Gironde divides the rocky coastline of northern France from the endless sands of Europe's longest beach to the south. Encompassing the départments of Gironde and Landes, the Côte d'Argent stretches in a straight line of sand from Pointe de Grave at the mouth of the Gironde to the long jetty at Boucau, flanking the mouth of the river Adour. This "beach" is on an unrivalled scale, and while each coastal town has its own wave variation, these 237 sandy kilometres represent some of the best beachbreak barrels in Europe. Bordeaux surfers frequent the waves found at the end of irregular access roads through the pine forests including the consistent and earliest French pro contest venue of Lacanau. Long stretches of beach remain unridden as crowds stay close to the towns and car parks even in summer, when a 20min walk could be rewarded. South of the Basin d'Arcachon, the same applies down to Vieux-Boucau where crowds begin to increase along with the wave size.

+ TOP-QUALITY BEACHBREAKS
+ HOLLOW CONSISTENT WAVES
+ EMPTY PEAKS TO FIND
+ UNCROWDED OFF-SEASON
+ EXCELLENT WINES & OYSTERS
+ SUMMER PARTY SCENE

– BEACHBREAKS ONLY
– NO SHELTERED SPOTS
– FREQUENT ONSHORES
– STRONG RIPS
– OFTEN MAXED-OUT
– SUMMER CROWDS

+ BEACHBREAKS DE CLASSE MONDIALE
+ VAGUES CREUSES ET CONSISTANTES
+ DES PICS VIERGES À DÉNICHER
+ PEU DE MONDE EN BASSE SAISON
+ EXCELLENTS VINS, HUITRES…
+ AMBIANCE ESTIVALE FESTIVE

- AUCUN SPOT DE REEF
- AUCUN SPOT DE REPLI
- VENT ONSHORE FRÉQUENT
- FORTS COURANTS
- CA SATURE ASSEZ VITE
- DU MONDE L'ÉTÉ

POULLENOT/AQUASHOT

SILVER COAST

Le Sud des Landes a l'avantage d'avoir un canyon sous-marin très profond qui cisaille le plateau continental du golfe de Gascogne au niveau d'Hossegor. C'est d'ailleurs grâce à cette fosse (autrement appelée gouf de Capbreton) que la houle n'est presque pas freinée et que Hossegor s'est taillée sa réputation d'un des meilleurs beachbreaks du monde. Jusqu'à 3m, on peut y surfer des pics qui peuvent être parfaits et incroyablement puissants, très près du bord et toujours très creux. Quand les conditions sont réunies, on peut apercevoir à une bonne distance des tubes avec le souffle, avec des groupes de surfers loin des accès principaux. Mais il faut dire aussi que les courants parallèles à la côte et ceux de baïnes peuvent être très violents, les bancs de sable changent constamment, il y a peu de passes pour aller au line-up, les marées ont une forte amplitude et il n'y a quasiment aucune protection contre le vent.

Malgré ces inconvénients, cela n'a pas empêché Hossegor d'attirer de plus en plus de surfers et d'entreprises liées au surf, avec comme bonus les températures les plus clémentes de la côte atlantique en Europe, qui permettent de surfer pratiquement 4 mois sans combinaison. Le Sud des Landes est un endroit qui marche quasiment toute l'année, bien que certains aient une autre conception du plaisir que d'aller affronter les gros pics de La Nord en hiver ou les spots moins radicaux mais très fréquentés de Capbreton. L'été et l'automne sont les meilleures saisons, car le vent de O-NO y est le plus faible, tandis que les températures de l'air et de l'eau y sont les plus élevées.

The southern part of Landes benefits from the deep submarine canyon that cuts through the continental shelf of the Bay of Biscay, pointing directly at the town of Hossegor. Known as the "Fosse de Capbreton" this swell-focusing trench (or 'gouf') is the reason that Hossegor has forged a reputation for being one of the best beachbreaks on the planet. Up to 3m, Hossegor's beaches deliver exceptionally powerful, perfect peaks, often very close to shore and invariably hollow. When conditions conspire, spitting

LA GRAVIERE, HOSSEGOR

Se lever rapidement pour se caler juste sous la lèvre: la promesse d'un tube épique...ou d'une visite des fonds marins si vous êtes un tout petit peu à la traine.

Getting in quick and racing under the lip could result in an epic barrel...or a trip to inspect the sandy bottom if you're not quite quick enough.

barrels can be spied far into the distance in either direction, spreading groups of surfers away from the main access points. On the downside, currents and longshore drift can be brutal, sandbars are constantly shifting, paddling-out channels are scarce at size, tidal ranges are large and wind protection is almost non-existent.

However none of these factors have deterred the ever-growing crowds of riders and surf companies that call Hossegor home, helped by the fact that this corner of Europe's Atlantic coast has the warmest water temps, allowing up to four months of rubberless surfing. Southern Landes is close to being a year-round destination, although big, cold beachbreaks at La Nord or smaller, crowded Capbreton are not everyone's idea of fun. Summer and autumn are the pick as the W-NW winds are at their lightest and the weather and water at their warmest.

SURF STATS - Hossegor		J F	M A	M J	J A	S O	N D
HOULE	Dominante | Dominant swell	◑	◑	◑	◑	◑	◑
	Hauteur (m) | Size	2.2	2	1.5	0.9	1.8	2.1
	Fréquence (%) | Consistency	50	60	80	50	80	70
VENT	Dominante | Dominant wind	◔	◔	◔	◔	◔	◔
	Force moyenne | Average force	F5	F5	F4	F3	F3	F5
	Fréquence (%) | Consistency	36	37	38	39	31	40
TEMP.	Combinaison | Wetsuit	🏄	🏄	🏄	🏄	🏄	🏄
	Temp. de l'eau (°C) | Water temp.	13 12	12 14	16 19	21 22	21 18	16 14

POPULATION
Gironde – 1 376 000
Landes – 362 827
Lacanau – 4243
Capbreton – 7652
Soorts-Hossegor – 3629
Seignosse – 6532

LITTORAL | COASTLINE
Gironde – 126km (78mi)
Landes – 111km (69mi)

COMPETITIONS
Sooruz Pro (Men's Prime 6 Star, Lacanau, Aug);
Swatch Girls Pro (Women's 6 Star, Hossegor, June);
Quiksilver Pro (WT, Hossegor, Sept); Pro Junior; Local

S'Y RENDRE | GETTING THERE

L'aéroport de Bordeaux Mérignac (BOD) est desservi par des vols depuis Paris, Londres, Madrid et Amsterdam, mais également par des vols charter et low-cost depuis l'Italie (MyAir), l'Allemagne (Lufthansa), le Canada (Air Transat), la Suède, la Norvège et le Royaume-Uni (Easyjet, Flybe , BA). Il ne faut que 3 heures pour s'y rendre en TGV depuis Paris, assurez-vous toutefois que votre boardbag sera accepté à bord du train. Les bus Eurolines desservent la gare de Bordeaux. L'aéroport de Biarritz (voir section Pyrenees Atlantique) n'est qu'à seulement 40 minutes en voiture de Hossegor.

International scheduled flights to Bordeaux (BOD) from Paris, London, Madrid and Amsterdam, plus charter/low cost arrivals from Italy (MyAir), Germany (Lufthansa), Canada (Air Transat), Sweden, Norway and the UK (Easyjet, FlyBe, BA). It only takes 3hrs 2mins to get from Paris to Bordeaux on the TGV and boards are now carried for free on some routes – check before booking. Eurolines provide inter-city bus services to the main train station. Biarritz airport (see Pyrenees Atlantique chapter) is 40mins drive from Hossegor.

MASUREL/AQUASHOT

CAPBRETON-HOSSEGOR

SUR PLACE | GETTING AROUND

Location de voitures dans les gares et les aéroports, à partir de 160€ par semaine. Les routes françaises sont de bonne qualité, attention à la rocade de Bordeaux et sa circulation souvent chargée entre 8 et 10h, et 16 et 19h. En été les bouchons sont fréquents aux abords des péages. On trouve d'immenses parkings à proximité des spots juste derrière les dunes, mais leur capacité d'accueil reste insuffisante face aux hordes de touristes de l'après midi en Août, surtout à Seignosse. N'empruntez pas les pistes forestières, c'est interdit et l'amende est dissuasive ! Les pistes cyclables sont omniprésentes, et sont une bonne solution en été pour bouger de spot. Les lignes de bus de la RDTL fonctionnent surtout l'été.

Rent cars in train stations and airports, from €160/wk. French road network is good but the Bordeaux "Rocade" circular road gets busy 8-10AM and 4-7PM, plus summer traffic jams on the peage are common. There are many parking lots close to the spots behind the dunes, but even these huge concrete lakes aren't large enough to soak up the mid-August, mid-afternoon crowds in Seignosse. Be aware driving the forest trails is prohibited and the fine is massive. Bike trails are everywhere and offer good transit in the summer. The RDTL bus service is only reliable in summer.

LOGEMENT ET GASTRONOMIE | LODGING AND FOOD

En été réservez toujours à l'avance, notamment à Lacanau où tout est plein. Surf Sans Frontières propose des chambres à partir de 25€/nuit, et Wave Trotter Guest House à partir de 106€/semaine. Les campings sont nombreux et ouverts de Mai à Octobre. Goutez les excellentes huîtres d'Arcachon avec un verre de Bordeaux blanc ! Le choix d'hôtels à Hossegor est restreint. On trouve à La Centrale d'Hossegor quelques hôtels de plage (Amigo, Hôtel de la Plage), comptez au moins 30€ pour une chambre double. La plupart des voyageurs louent des appartements, squattent

dans leurs vans, ou optent pour la tente. Attention, dormir dans un van ou camping-car en été sur l'un des parkings de Seignosse se traduit souvent par une amende de 11€. On trouve des aires dédiées aux camping-cars un peu partout, moins chères et moins fréquentés que les campings en été.

Always book in advance during summer, since Lacanau gets full. Surf Sans Frontières has rooms from €25/night, Wave Trotter's Guest House from €106/wk. Campgrounds are numerous. Try the excellent Arcachon oysters with a glass of Bordeaux white wine! Hotel choice in Hossegor is slim. La Centrale in Hossegor has a couple of beach hotels (Amigo, Hotel de la Plage). Expect to pay €30/dble. Most travellers rent flats, stay in their vans, or pitch a tent at campsites, which are plentiful and open May to October. Take note that free-camping the Seignosse car parks in a campervan during summer will often result in an €11 fine. Aire de Camping municipal sites for campervans are scattered throughout the region and offer a good cheap option to the often expensive and overcrowded traditional campsites. A typical restaurant bill is €20, not including wine. Seafood in Capbreton is big and foie gras along with duck dishes are regional favourites.

SOULAC

MEDOC

CLIMAT | WEATHER

Avec ses plages de sable, forêts de pins et grands lacs, le littoral Girondin possède un microclimat unique caractérisé par des hivers doux et des étés relativement frais. Les précipitations sont fréquentes, et plus fortes en automne et en hiver à cause de l'influence océanique. La pluviométrie moyenne annuelle est de 935mm. Les étés sont relativement chauds avec environ 10 jours au-dessus de 30°C. Les hivers sont généralement plutôt doux, avec toutefois quelques gelées possibles. De temps à autres souffle le "Noirot", un vent fort, sec et froid de N à NO. Il pleut environ 60 à 100mm par mois dans le Sud des Landes, mais cela reste inférieur aux précipitations de la Côte Basque plus au Sud, où le climat est fortement influencé par la présence des Pyrénées. Il peut pleuvoir à Biarritz et faire beau à Hossegor. Au début de l'été il fait jour jusqu'à 22h30, alors qu'en hiver la nuit tombe vers 18 heures. La météo est stable de Mars à Octobre. Mai et Juin sont de bons mois pour venir, même si l'eau est encore fraîche. En Mars-Avril de belles journées ne sont pas à exclure, avec des températures d'après-midi autour de 20°C. Mais le printemps est généralement venté, sous l'influence des dépressions ibériques qui amènent la pluie et rendent l'océan agité. De Décembre à Avril, prévoyez une combi intégrale 4/3mm avec des chaussons, et éventuellement des gants et une cagoule. Une 3/2 sera parfaite dès la fin du printemps et jusqu'à l'automne, alors qu'en Juillet/Août/Septembre un shorty s'avère suffisant. L'eau peut monter jusqu'à 24°C, autorisant alors le port du boardshort!

With its fine sandy beaches, large pine forests and big lakes, the coast of Gironde has a unique microclimate characterized by mild winters and relatively cool summers. Rain is frequent and gets stronger in autumn and winter, since the coast is strongly influenced by the ocean. Average annual rainfall is 935mm (37in). Summers are relatively hot with around 10 days per year above 30°C (86°F). Winters are usually cool, but freezing may occur. Occasionally, a strong, cold, dry N to NW wind known as Noroit blows. It rains about 60-100mm per month in the south of Les Landes,

CLIMAT	WEATHER – Bordeaux	J/F	M/A	M/J	J/A	S/O	N/D
Précipitations (mm)	Total rainfall	82	55	63	63	84	102
Fréquence (j/m)	Consistency (d/m)	15	13	12	11	13	16
Témperature min. (°C)	Min temp.	2	5	11	14	10	4
Témperature max. (°C)	Max temp.	10	16	22	26	21	11

but this is less than the Basque coast further south, where the Pyrenees mountains greatly influence the weather. It can be raining in Biarritz and only overcast or even sunny in Hossegor. Early summer will be light until 10.30pm, winter gets dark at 6pm. Stable weather from March to October. May and June are good months despite the cooler water. March-April can have occasional lukewarm spells with afternoon temperatures around 20°C (68°F), but spring is usually windy with low pressures from Iberia producing squalls, rain and choppy swells. Use a 4/3mm fullsuit with boots and optional gloves/hood between December and April. A 3/2mm fullsuit is fine for spring and late autumn, while a springsuit will be the best bet in July, August and maybe even September. Plenty wear boardies on the warmer days that can see water temps reach 24°C (75°F).

NATURE ET CULTURE | NATURE AND CULTURE

La Côte d'Argent est une immense plage bordée de dunes et forêts, de fait il est facile de se trouver un spot peu fréquenté, à l'écart du monde que l'on peut trouver au niveau des villes. La Dune du Pyla est la plus grande dune de sable d'Europe, haute de 100m et mesurant environ 500m de large sur 2,5 km de long. Elle offre une vue unique sur le Bassin d'Arcachon, de plus c'est un excellent site pour l'apprentissage du parapente. Les vignobles de Bordeaux offrent une savoureuse alternative un jour sans vagues. A la plage la plupart des femmes sont seins nus, et les naturistes apprécient le calme et l'isolement offerts par les plages sans fin. Golf, voile, pêche, glissades aquatiques diverses et skate parcs constituent les principales attractions du côté du Penon et de Labenne, sans oublier l'intense activité nocturne en été. Sur le front de mer d'Hossegor, les touristes se pressent

au bar le Rockfood. En hiver c'est très calme, notamment car près de 75% des habitations sont des résidences secondaires qui resteront vides jusqu'au retour des beaux jours.

The Côte d'Argent is an endless beach skirted by sand dunes and thick forests, so it's easy to find relative wilderness as an antidote to the busy towns. The Dune Du Pyla is the largest sand dune in Europe measuring about 500m wide, 2500m long and 100m high. Worth the walk for the view over the Bassin d'Arcachon, plus it's the perfect training site for paragliding. Bordeaux vineyards are a tasty, flat-day idea. At the beach, most women are topless and full nudity is common along many stretches of the coast. Golf, sailing, beach fishing, water slides and skate parks in Le Penon and Labenne, plus crazy summer parties are some of the distractions. Rockfood is the most popular tourist bar right on the beach at Front de Mer, Hossegor. Winter is mellow as anything up to 75% of the region's coastal zone housing stock are second homes and often remain empty until the warmer months.

DANGERS | HAZARDS AND HASSLES

Se rendre sur le spot juste avant la bonne phase de marée est crucial, surtout au printemps et à l'automne lorsque les importantes marées d'équinoxe modifient rapidement la qualité des vagues, réduisant d'autant plus les créneaux avec des conditions optimales. Par forte houle, les courants sont très violents et chaque année compte son lot de noyés. En hiver, les tempêtes rabattent sur les plages de nombreux débris et bois flottés. La circulation et le stationnement se compliquent de mi-juillet à fin août. Si vous vous garez près des forêts pour accéder aux spots plus isolés, méfiez-vous des voleurs et vandales (souvent des surfers locaux aigris). Hossegor est une petite ville avec une grande communauté surf, respectez les locaux, qui sont particulièrement tolérants compte tenu de l'invasion touristique qu'ils subissent chaque été!

LACANAU

Lacanau est une oasis en termes d'activités, mais loin des accès réguliers les mêmes vagues avec moins de monde récompensent ceux qui marchent un peu.

Lacanau is an oasis of activity, but beyond the beach access paths, similar waves with far fewer people reward the walkers.

Getting to the right spot before the optimum tide phase is crucial as spring and autumn equinox tides move fast, leaving relatively short windows for ideal conditions. Beware when the surf gets big and stormy - rips are common and extremely powerful; many visitors drown every year. In the winter, beaches get plenty of trash and driftwood from the ocean. Driving and parking are tricky from mid July to late August. Look out for thieves and vandals (often protective local surfers) when parking in forest spots. Hossegor is a small town with a large surf community, so respect the locals - they are amazingly tolerant, considering the huge increases in numbers every summer.

CONSEILS | HANDY HINTS

Le matériel de surf est onéreux, et seuls quelques surf-shops sont ouverts toute l'année, surtout dans les stations balnéaires. Essayez le Mata Hari du côté de Lacanau, et Escape ou Surfers à Bordeaux. L'industrie européenne du surf se concentre dans la ZA de Pédebert à Soorts Hossegor, où vous pourrez faire réparer votre board, trouver un bon shaper ou faire du shopping dans les nombreux magasins d'usine des principales marques de surfwear. Ici la plupart des surf-shops ne ferment pas en hiver. Un gun vous servira seulement les jours de gros à La Gravière ou à La Nord. Les étrangers faisant l'effort de parler français sont bien vus!

Gear is expensive and only a few surf shops are open year-round (especially in coastal towns). Try Mata Hari in Lacanau, Escape or Surfers in Bordeaux. There is a thriving surf industry growing up around the Z.A. Pédebert in Soorts Hossegor, where you can get boards repaired, find a shaper and shop in one of the many factory outlets for all the big surf brands. Most surf shops are open year-round. You need a gun only for serious La Gravière or La Nord. Try to learn some French; it will be appreciated.

GIRONDE

1. LES MASCARETS

2. LE VERDON

Considéré comme le spot de repli girondin ultime, notamment quand c'est onshore partout, La Chambrette n'a heureusement pas souffert de la construction de Port-Medoc. On peut toujours y trouver des tubes rapides lors des plus grosses marées hautes. St-Nicolas reste une option par vent de Sud mais dans l'estuaire de la Gironde, courants et pollution sont au menu.

The construction of Port-Medoc didn't seem to mess with La Chambrette, the ultimate shelter when the Atlantic coast is onshore and out of control. Inside the Gironde rivermouth, it breaks hard with fast tubes on big high tides only. St-Nicolas is another option with S winds, but surfing within the Gironde estuary means gnarly rips and water pollution.

3. SOULAC

Avec tout le sable charrié par l'estuaire, c'est toujours plus petit ici mais cela reste le beachbreak le plus tubulaire du Nord Médoc. Attention aux rochers des 'piscines' au Nord, ainsi qu'aux forts courants. Ca marche peu souvent, mais ça reste un bon spot assez facile.

With the rivermouth creating offshore sandbanks, waves are always smaller here, but hollower than surrounding spots. Beware of the rocks of 'les piscines' to the north and strong, swirling currents. Medium consistency and fit intermediates only need apply when it is firing.

4. L'AMELIE

Un coin discret, peu aménagé mais parfois une vague creuse et rapide du coté des blockhaus ou de la digue. Site peu développé à l'exception d'un camping qui peut amener du monde en été. Assez consistant.

Occasionally fast and hollow waves form up by the blockhaus or the jetty. Undeveloped spot except for a campsite in the dunes. Fairly consistent and sometimes crowded in summer.

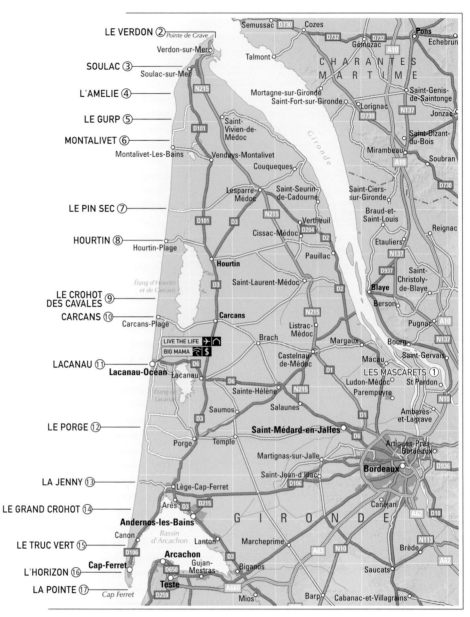

LE VERDON ② *Pointe de Grave*
SOULAC ③
L'AMELIE ④
LE GURP ⑤
MONTALIVET ⑥
LE PIN SEC ⑦
HOURTIN ⑧
LE CROHOT DES CAVALES ⑨
CARCANS ⑩
LACANAU ⑪
LE PORGE ⑫
LA JENNY ⑬
LE GRAND CROHOT ⑭
LE TRUC VERT ⑮
L'HORIZON ⑯
LA POINTE ⑰

LE VERDON

BERNARD CHOQUET

LE GURP

5. LE GURP

On y a souvent vu des gauches tubulaires alors que ça sature complètement plus au Sud. Cherchez la plage de la Négade au Nord, ou celle de Dépée près du camp naturiste d'Euronat. Il peut y avoir du monde et une sale ambiance quand ça marche, ainsi que du courant capable de décourager les débutants. La guerre à laissé des traces, avec des bunkers qui sont immergés à marée haute.

With a large swell and a bit of luck, long tubing lefts can be on offer. Check the banks at La Négade to the north, or at Dépée next to the Euronat nudist camp. Can be a crowd and some attitude when on, plus the current precludes beginners. The bunkers go underwater at high and show the beach loss since the war.

6. MONTALIVET

Bonnes vagues visibles depuis le parking et plus pour ceux qui cherchent un peu. Surf club dynamique qui organise des sessions de nuit. Le coté sud est un haut lieu du naturisme. Toujours moins de taille qu'à Lacanau, et meilleur au milieu du remontant.

Nice peaks visible from the central car park, but there's more for those that look around. The surf club sometimes organise night surfing sessions. The south side is a naked tourists' hub. Always smaller than Lacanau and best on the pushing tide around mid.

7. LE PIN SEC

Pas trop dur d'échapper à la foule, puisque le Pin Sec est le seul accès à la dizaine de km de littoral que couvre la Forêt du Flamand. Choix illimité de pic sur cette zone calme qui ne souffre jamais du monde et compte un camping agréable. Accessible pour les débutants, mais attention au jus. Avec un swell de 6 pieds ou plus, franchir la barre devient un vrai challenge.

Just north of Hourtin only one road bisects the 10km long Forêt du Flamand. An endless choice of peaks along this quiet stretch that never gets crowded and has a good campsite nearby. Beginner-friendly, but there are some rips and the paddle-out gets tough at 6ft.

MONTALIVET

8. HOURTIN

Un beachbreak plus ouvert qui peut bien dérouler. Ca peut également bien tuber sur l'alios mais la marée haute stoppe tout par petit swell. Ce rendez-vous habituel des Britanniques commence donc à trouver quelques pics saturés l'été. Plein de pistes cyclables entre lacs et forêts peuvent donner des idées si c'est le cas.

More open beachbreak that can line-up nicely on its day. The alios soft reef helps to shape bowly waves, but high tide will kill it in small swells. During the summer this popular British hang-out can become packed out. Exploring the mountain biking tracks between the lakes and woods may lead to new spots.

9. LE CROHOT DES CAVALES

Encore une zone d'ombre à l'Ouest du Lac d'Hourtin. On y trouve peut-être pas les meilleurs bancs où les tubes les plus profonds, mais on y surfe seul. Les stagiaires du centre UCPA de Bombannes sont les plus proches du Crohot des Cavales. Le Crohot de France est encore plus isolé au Nord.

Another large shadow zone west of the Hourtin lake accessible only by bicycle. May not be the hollowest and most lined-up banks around, but it is solo surfing. Crohot de France is even more isolated to the north. The UCPA centre of Bombannes has pretty straight access to Crohot des Cavales.

10. CARCANS

Alternative paisible à Lacanau, ce qui ne veut pas dire que c'est moins bon. Plus de murs à manœuvres que de véritables tubes, mais ça reste puissant. Le courant peut être fort. Du monde à l'eau les weekends en été, mais ça se dissipe dès l'automne, où les gars du surf club sont souvent seuls au pic.

Always quieter than Lacanau, but that doesn't mean the waves aren't as good. Often more walled-up than hollow but still plenty of power. Can get rippy. Crowds on summer weekends, then sparse on autumn mornings, when the local surf club members may be the only ones around.

GIRONDE

LACANAU

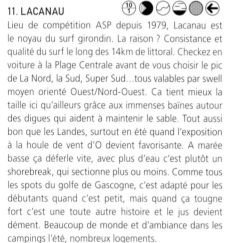

11. LACANAU

Lieu de compétition ASP depuis 1979, Lacanau est le noyau du surf girondin. La raison ? Consistance et qualité du surf le long des 14km de littoral. Checkez en voiture à la Plage Centrale avant de vous choisir le pic de La Nord, la Sud, Super Sud...tous valables par swell moyen orienté Ouest/Nord-Ouest. Ca tient mieux la taille ici qu'ailleurs grâce aux immenses baïnes autour des digues qui aident à maintenir le sable. Tout aussi bon que les Landes, surtout en été quand l'exposition à la houle de vent d'O devient favorisante. A marée basse ça déferle vite, avec plus d'eau c'est plutôt un shorebreak, qui sectionne plus ou moins. Comme tous les spots du golfe de Gascogne, c'est adapté pour les débutants quand c'est petit, mais quand ça tougne fort c'est une toute autre histoire et le jus devient dément. Beaucoup de monde et d'ambiance dans les campings l'été, nombreux logements.

ASP contest venue since 1979, this is surf central for the Bordeaux area. The reason? Consistent surf, easily checked from the boardwalk at Plage Centrale before opting for a session at La Nord, La Sud or Super Sud, among 14km of beaches ideal with a medium size W-NW swell. Handles more size thanks to the deep scalloped baines around the rock jetties that are there to hold the sand in place. Every bit as good as Landes, especially in summer when it is often bigger in the W windswells. Fast peeling low tide runners or mid to high tide shories tapering into the rips are sometimes separated by a deep trench, or spin all the way through. Like all Biscay beachies, it's fine for beginners when small and friendly, but a real challenge when overhead and bombing, not least because of the wicked rips. Extremely lively in summer with all surf facilities and good campsites or accommodation.

12. LE PORGE

Une vision plaisante du spot depuis les dunes peut s'offrir à vous si la houle anime les pics triangulaires, à mi-marée et avec l'offshore du matin. Les bancs les plus au large poussent fort mais ça à tendance à fermer à marée basse. Le spot le plus près de Bordeaux, ce qui ramène du monde, surtout en été avec l'immense camping municipal La Grigne. On s'en sort en choisissant le bon parking avant de marcher un peu le long de la dune. Pas mal de jus.

Can be a pretty picture that greets you from the dunes if a morning offshore is ruffling some headhigh A-frames on mid tide banks. Sucky and fast on the outside bank with a habit of closing-out at low. The closest spot to Bordeaux. That can mean crowds in season, when Camping La Grigne is packed, but several car-parks lead to different peaks. Strong currents.

13. LA JENNY

Pics creux et consistants, meilleurs par petite houle d'Ouest. L'accès se fait au Nord de l'entrée du camp naturiste. Ensuite longue marche...donc pas de monde. Idéal pour les surfers intermédiaires, car on est un peu isolé et les courants peuvent être dangereux.

Consistent and often hollow peaks in small W swells. Access is north of the nudist camp entrance, but the long walk in the woods means it is never crowded. More suited to intermediates as it is a bit isolated and the longshore currents can be steady.

14. LE GRAND CROHOT

Line-ups à la landaise, où les baïnes aident à la formation de vagues bien formées sur les swells estivaux. Outside valable jusqu'à 2m. Spot le plus proche d'Andernos. Cela rameute du monde le week-end, mais on peut toujours se décaler sur la plage nudiste du Petit Crohot.

Lande-esque line-ups with plenty of baines and good shape in peaky summer swells. Can be nice on the outside bars before it closes out at 2m+. Closest spot to town, so expect weekend crowds. It's quieter towards the nudist beach of Petit Crohot.

15. LE TRUC VERT

Un des spot les plus connus sur le Cap-Ferret grâce à un gros camping portant le même nom et des bancs de sables qui ont tendance à se caler comme il faut. On trouve logiquement du monde face au parking l'été, mais le courant aura vite fait de vous décaler.

Probably the best-known spot on the Cap-Ferret peninsula because of the large campsite bearing the same name and the usual good shape of the jetty-influenced sandbanks. Summer crowds are a given in front of the car park. Strong currents and drift.

CAP FERRET

16. L'HORIZON

Les surfers d'Arcachon peuvent traverser le basin en pinasse avant de prendre le petit train qui mène jusqu'à cette plage connue de tous les surfers. Reste à chercher la douzaine de semi-secrets spots environnant. Les bons bancs bougent souvent et avec une houle de vent multipic, rien n'oblige à surfer un pic gavé. De préférence avec une petite marée basse. Les repères le long de la plage permettent de constater que l'on dérive souvent vite vers le Sud ! Attention aux vieux bunkers et restes de jetées. On trouve diverses facilités aux accès principaux, y compris des écoles de surf et location de matériel. Avec un peu de taille, le courant est de la partie et ça devient vite inapproprié pour les débutants.

One of a dozen named semi-secret spots on the peninsula that can have great banks on any given day. Better with peaky, summer, W windswells, on smaller, lower tides, so there should be no reason to surf a crowded peak. Surfers from Arcachon can ride the pinnace across the basin before hopping on the tramway that stops right at this beach. Beach markers are helpful to gauge the swift north to south currents. Beware of old bunkers and eroded jetties that help make some big scallops in the coastline here. Most facilities at a few access points and there are surf

schools and board hire, but this area quickly becomes unsuitable for beginners as the size and rips increase.

17. LA POINTE

Spot de repli à l'entrée du bassin d'Arcachon, ce qui génère un max de courant. Des droites creuses se forment en s'enroulant autour du Cap Ferret, mais ce n'est pas toujours glassy, ce qui semble moins déranger les bodyboarders. Quelques blockhaus sur la plage et une vue imprenable sur la dune du Pyla. Il y a beaucoup plus de vagues côté océan, qui restent plus petites que celles plus au Nord, mais sujettes à de très forts courants. Pour surfeurs expérimentés. Gare aux jetées submergées, balisages divers et débris de bancs d'huîtres.

Very large swells can wrap around Cap Ferret and break inside the Bassin d'Arcachon, throwing up tubey little rights. W winds are offshore, but the hellish currents can make for bumpy rides, so it is popular with bodyboarders. Great view of the massive Dune du Pyla in the background. There are lots more waves on the ocean side of Ferret, which will be smaller than those to the north, but plagued by strong currents. Experienced surfers and watch out for submerged jetties, channel markers and oyster bed debris.

LE PORGE

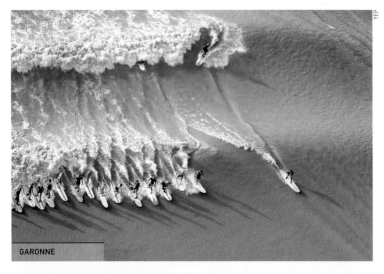

GARONNE

DORDOGNE

Vu que les vagues suivantes manquent de puissance et sont dures à choper, mieux vaut s'assurer de prendre la première, quitte à surfer rail à rail.

The following waves, or whelps, are less powerful and harder to catch, so making sure you catch the first wave is a good idea, despite the rail to rail factor.

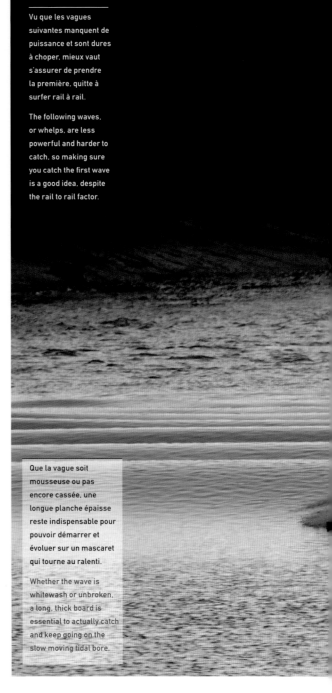

Que la vague soit mousseuse ou pas encore cassée, une longue planche épaisse reste indispensable pour pouvoir démarrer et évoluer sur un mascaret qui tourne au ralenti.

Whether the wave is whitewash or unbroken, a long, thick board is essential to actually catch and keep going on the slow moving tidal bore.

LES MASCARETS

LONGEUR	LENGTH	+ 10	FOULES	CROWDS	− 8
TUBE	BARREL	+ 1	RISQUES	HAZARDS	− 2
FRÉQUENCE	CONSISTENCY	+ 2	POLLUTION	POLLUTION	− 6
TOTAL		13	TOTAL		−16

Les grandes marées d'équinoxes remontent près de 70km dans l'estuaire de la Gironde pour atteindre le confluent entre La Dordogne et la Garonne. A partir de cet endroit commence à se former une vague surfable, environ 5h30 après la marée basse à l'océan, et qui remonte les 2 rivières. Avec un gros longboard ou un SUP, le mascaret peut offrir des vagues bien fun de plus de 10 minutes, loin de l'océan. C'est mieux après l'été, quand le niveau d'eau est bas et les bancs de sable moins couverts. La célèbre section de St-Pardon est maintenant surpeuplée d'engins flottants en tous genres, qui s'étalent sur quasiment toute la largeur de la rivière. SUP, surf, planches, pirogues et kayak se régalent soit sur la vague initiale du mascaret, soit sur les ondes suivantes qui sont plus difficiles à prendre mais qui permettent de reprendre le train en marche si l'on perd la première vague. Le passage du mascaret est suivi par un fort courant, plutôt boueux, qui remonte jusqu'à 14 km/h à contre-sens la rivière. Attention aux rochers et souches pour sortir de l'eau. St-Pardon est le fief d'une communauté de mascaret-riders chevronnés, qui armés de bateaux (limitation à 25 km/h) vont dénicher d'autres sections en amont et en aval. Des études récentes ont été menées sur la Garonne (26 min pour parcourir 8km) et sur la moins profonde Dordogne (40 minutes pour parcourir 8km), mettant en évidence le lien entre la profondeur d'eau et vitesse de la vague.

Les jetskis sont interdits entre Izon en aval et Vayres en amont dès que les coefficients de marée sont supérieurs à 85. La quête des secrets spots de rivière a commencé!

The biggest spring tides push the 70kms down the Gironde Estuary, then fork at the meeting of the Garonne and Dordogne rivers, before a slow tidal bore forms, five and a half hours after dead low at the ocean. With a buoyant longboard or SUP and a sense of humour, Le Mascaret can offer over ten minutes of mellow surf, far from the sea. Best when river levels are low, post summer, so the wave has a chance to break on the undulating bottom. Crowds can easily exceed 100 at the widest point near St Pardon, spread between each bank and the central sand (mud!) bar. A mix of boards, SUP's and sideways slipping kayaks will jostle on the face of the bigger initial wave of up to 10 in the set, but the following "whelps" are much harder to catch. Behind the bore comes a powerful torrent of muddy, polluted, debris laden fresh water moving at up to 9 knots (14kmh), plus there's large rocks and logs to avoid. St-Pardon is also the local hub for dozens of bore-riders who now search for secret river spots further upstream by boat and zodiac (25kmh speed limit). Recent records have been set on the upstream arms of the deeper Garonne (8km/26min) and shallower Dordogne (8km/40min), showing depth equals speed. PWC's are banned between Izon, downriver and Vayres harbour, upriver, when tidal range coefficient is higher than 85.

LANDES

CÔTE D'ARGENT

ST-GIRONS PLAGE

MASUREL/AQUASHOT

1. LA SALIE

Dernier spot de Gironde, La Salie tient bien la taille mais dépend terriblement des bancs de sable qui se détachent du bassin. Deux accès, dont celui du Wharf mène aux spots les plus réguliers. Malheureusement, cette jetée de fer de 800m crache des eaux à l'odeur pas très rassurantes et la baignade y est théoriquement interdite. Parfois de gros shorebreaks pour bodyboarders juste au Nord. Si c'est flat, on peut crapahuter sur les hautes Dune du Pyla (117m).

Technically in Gironde but an introduction to Landes' surf with sandbars shifting incredibly fast around two access points. The most reliable banks are beside the 800m long wharf, plus some good bodyboard shorebreak just to the north and more banks down the beach at the blockhaus. The wharf outfall pipe discharges stinky, suspicious foam and swimming is theoretically banned. Often crowded, despite the long walk in. If it's flat, surf the highest dunes in Europe at the Dune du Pyla (117m).

2. BISCARROSSE-PLAGE

Station balnéaire populaires aux bancs aléatoires. Shorebreak carton à marée haute, puis vagues creuses et rapides sur les bancs outsides. Deux accès directs sur la plage, un autre face au camping Le Vivier au Nord. Du monde à l'eau en été, dommage qu'au Sud commence une zone militaire dont l'accès est interdit jusqu'à Mimizan.

Popular summer resort town with typical shifting bars, from high tide thumping shories to outer low tide bars that can be fast and hollow in sections. Often crowded at the bottom of the access points, the northern one leads to a large campsite. Access is

MESSANGES

YEP

restricted by the military zone stretching as far south as Mimizan although some do risk explosive meetings with the army for solitude.

3. MIMIZAN-PLAGE

Coin tranquille avec d'assez bonnes vagues pour former le champion de body Nicolas Capdeville. Un front de mer de quelques centaines de mètres, des jetées de bois sur la plage et un courant (rivière) qui donne de bons bancs certaines années. Dommage que le courant de Mimizan soit source de pollution et qu'on sente trop souvent les activités papetières voisines.

Quiet place but with good enough waves to produce bodyboard champ Nicolas Capdeville. Four beaches on either side of the rivermouth that helps sculpt some good sandbars. Highly consistent and changeable so keep checking. Courant de Mimizan brings estuary pollution and offshores bring foul smells from nearby paper factories.

4. LESPECIER

Petite station au cœur d'une zone d'ombre d'accès relativement long depuis les villes. On peut arriver de Bias à travers la forêt de Mimizan. Beaucoup de pics mais rien de bien folichon au-delà de 2m ou par vent onshore.

A small, isolated resort with endless peaks in each direction. Unappealing in onshores and overhead conditions. Plenty of currents and few people around outside of August. One road in from Bias through the Forêt de Mimizan.

5. CONTIS-PLAGE

La station balnéaire paisible de Saint Julien en Born. Débrouillez-vous pour visiter le phare par temps calme et bonne houle et mater les environs avec des jumelles, surtout vers le bunker ou la rivière au nord. Vous verrez facilement les bons bancs. Du choix et peu de monde mais pollution liée à l'estuaire.

Saint Julien en Born's mellow beach resort. The lighthouse provides a bird's eye view of the best sandbanks, especially those to the north, close to the bunker or rivermouth. Loads of choice without big crowds. Estuarine pollution.

6. CAP DE L'HOMY

Pas vraiment de cap mais un beachbreak dans cette petite station balnéaire sur la commune de Lit-et-Mixe. On y est tranquille et les bonnes vagues sont parfois au rendez-vous. Débutants et niveaux intermédiaires s'y amuseront avec un swell de vent ou rentrant avec un peu d'angle.

Located in the municipality of Lit-et-Mixe, there's not really a cape, just more straight beachbreak that benefits from some swell angle or chopped up summer windswells. More performance orientated waves perfect for beginner/intermediates. Year-round peace, solitude and a few good waves. Summer surf school.

7. ST-GIRONS PLAGE

12km de plages désertées en hiver, pleines de nudistes et de surfers étrangers en été. Les vagues servent du tube façon Hossegor ou du mur plus classique. On y trouve campings, écoles et parfois des Allemands y participant à leur championnat national.

With 12km of beachbreak to choose from, this popular place serves up something in between Hossegor barrels and average beachbreak walls. The beach is a favourite of foreign surfers and naturists with good camping in the dunes and surf hire/schools for beginners. The German Surf Championships are regularly held here.

8. MOLIETS PLAGE

On surfe beaucoup au niveau de la plage centrale même si ça ferme régulièrement. La marée haute ne donne rien de bon. Le courant d'Huchet reliant le lac de Léon peut former de meilleurs bancs. On trouve tous les aménagements pour les estivants, et c'est la même chose à Messanges.

The central beach soaks up the summer crowd on very shifty sandbanks that often shut down. High tide is usually no good. The Huchet rivermouth from Leon Lake can shape some nice lower tide sandbars. All facilities with surfschools for the summer beach party hordes. Similar scene south at Messanges Plage.

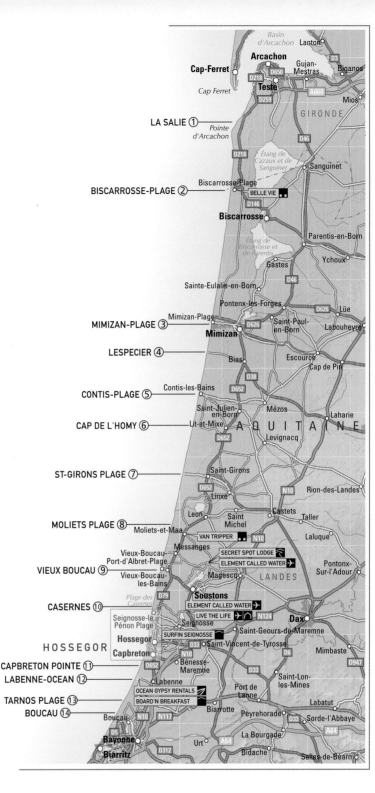

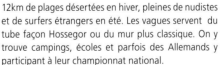

LANDES

CAPBRETON POINTE

9. VIEUX BOUCAU

A partir d'ici, la D652 se rapproche du littoral, ce qui permet donc de checker plus de vagues. Entre les Sablères, la Grande Plage et Port d'Albret au Sud du bassin on trouve toujours un banc de sable qui mérite le détour. Tient souvent mieux la taille que les plages du Nord. Les locaux semblent plus irritables au mois d'Août quand les campings et locations de vacances font le plein.

The D652 gets closer to the coast here, allowing easy checking of several peaks. There are waves on both entrances to the lake. North side has fast, hollow peaks on higher tides, but heavy longshore rips at headhigh plus. Port d'Albret on the south side leads into the Soustons stretch and has good shape for kilometres. Handles more size than the breaks to the north. Locals get twitchy in August as the campsites and holiday apartments fill up.

10. CASERNES

Plage typique des Landes avec ses campings, c'est aussi la plus au Nord de Seignosse. A surveiller de près, car ça peut être excellent avec des bancs de sable bien en place. Avec 1m50, mi-marée, et un petit offshore du matin ou du soir, attendez vous à des vagues creuses et rapides. C'est en théorie moins blindé qu'au Penon, car il faut marcher 500m depuis le grand parking sous les pins, mais cette théorie ne se vérifie pas toujours et c'est parfois comme partout ailleurs. La plage, fréquentée par les nudistes, est surveillée. Surf shops, écoles, location de matériel, restauration.

Typical, campsite-fed beach access that marks the northern limit of the Seignosse beaches. One to keep an eye on because when the sand lines up, it can be really good. Mid tide, headhigh with a morning or evening glass-off will produce those speedy, lip smacking walls across a handful of baines. May offer some respite from the crowds of Penon as it requires a decent 500m walk from the deep sand parking under the pines, but it is often just as crowded as everywhere else. More nudists up this way plus all the summer facilities of most major beach accesses including lifeguards, surf school, board rental and food shop.

SEIGNOSSE, HOSSEGOR & CAPBRETON SPOTS   PAGE 96

11. CAPBRETON POINTE

Une piste en sable traverse la forêt pour mener à un parking proche d'une station de traitement des eaux. La Pointe est en fait l'une des sections de cette longue et rectiligne plage qui va de Capbreton à l'embouchure de l'Adour, au Sud. Les bancs de sable y sont souvent bien calés, avec de bonnes vagues à la clé. Bien qu'il y ai moins de monde ici, un zeste de localisme n'est pas à exclure. Tient son nom du camping tout proche, où il peut d'ailleurs être judicieux de se garer à cause des vols fréquents dans les voitures.

A sandy ribbon of road splits the forest and arrives at an ad hoc parking spot next to a water treatment plant. This "pointe" is actually just another stretch of the dead straight beach from Capbreton to the Adour, but favourable sand formation can give the wave nice shape. While it may be less crowded here, there can be some bad vibes in the water. Gets its name from the campsite on the way in, which is a better place to stay as this area is well policed due to regular vehicle break-ins.

12. LABENNE-OCEAN

Avec un swell modéré de NO et de l'offshore, des pics de bord solides forment quelques barrels. On prend plus souvent des branlées dans le shorebreak que de vrais tubes mais la proximité de la N10 attire toujours du monde. A marée haute, il faut de la taille pour que ça déferle, mais gare au violent shorebreak. Les bons bancs de sable sont peu nombreux, de fait le monde se concentre vite sur les rares pics valables. On check facilement les conditions depuis le parking ou Ondres, 3 km plus bas.

With a moderate NW swell and offshores, heavy peaks, close to shore provide tube time for the local crew and visitors. Has to be big to break through high tide when the shorebreak gets ridiculously heavy.

LABENNE

Often crowded as lack of sand concentrates the local crew on a few peaks. Easy check from the car park or from Ondres, 3km down the beach.

13. TARNOS PLAGE

Le beachbreak du Métro est comparable à ceux de Labenne à Ondres : petites vagues molles par marée basse et swell faible, et puissants barrels par grosse houle d'O-NO. C'est meilleur de la basse mer à la mi-marée, d'autant qu'il y a plus de pics en service. En marchant un peu depuis le parking, vous trouverez des vagues peu fréquentées.

The Metro beachbreak is very similar to Labenne and Ondres, with weak low tide rides in small swell, before awakening in overhead to double-overhead W-NW swell and serving up chunky, powerful barrels. Still best at low to mid, when there will be more peaks to choose from. A short walk will escape the lazy crowds by the car park.

BOUCAU

14. BOUCAU

La longue digue qui marque l'embouchure aide à la formation des bancs de sable. Les gauches peuvent être longues et puissantes avec de belles faces à manoeuvres, mais attention à ne pas se vautrer sur l'épave. La digue abrite des vents de Sud mais pas de la pollution de l'Adour. Le courant peut être fort, mais il aide bien pour franchir la barre quand c'est costaud. Pas un spot pour débuter ! Paysage industriel déprimant et parking payant en été, aussi ne comptez pas sur les locaux belliqueux pour vous réconforter.

This extensive, curved jetty at the mouth of the river helps shape the sandbanks giving point-style lefts with hollow sections and long, powerful walls. There's protection from S winds, but not from the pollution flowing out from the heavily industrialised Adour. Currents can be strong, but necessary to get out at size and only experienced surfers will handle the demanding line-up. A sunken ship adds to the potential danger. Depressed, dilapidated industrial area and paying to park adds to the unfriendly vibe in the water.

SEIGNOSSE

1. LE PENON

Le vieux wharf métallique a disparu mais les pics continuent à se caler aux mêmes emplacements. Toujours des locaux et des voyageurs pour profiter de shorebreaks valables à marée haute. Sinon la plage s'étend vers l'Agréou et les Casernes, au Nord. Beaucoup de touristes en été dû au large parking bordé de magasins et d'un parc aquatique. Mini skatepark également pour se chauffer le de surf et webcam.

Worthwhile sandbars can appear along this stretch that used to have a long metal pier that caught the sand. Open and shifty, it often holds some really good higher tide shorebreaks that entertain the sizable crowd of locals and travellers. Closes out before it gets to double overhead. Attracts huge summer crowds to the water park, fairground rides and tourist shops situated between the dunes and massive free car park. Beware car crime at the north end (L'Agréou), and strong rips. There's a mini skatepark to warm up. All facilities, including good surf school and webcam.

2. LES BOURDAINES

Souvent de bons bancs de chaque coté de l'accès principal à cette plage, qui est sans aucun doute le spot le plus populaire et le mieux servi de Seignosse. Les bancs de sable ne bougent pas trop par ici, ce qui a contribué à la renommée du spot. Souvent un pic gauche droite juste au S de l'accès, et plein d'autres pics en remontant vers le Penon. Une passe généralement bien définie, ce qui semble plaire aux longboarders. Au plein haut c'est un peu la lutte avec le courant latéral, surtout avec 2m ou plus. Le spot accueille de nombreuses compétitions, avec des vagues fréquentes et un accès du parking au spot parmi les moins long dans la zone au Nord d'Hossegor. Très consistent, toujours peuplé. Les camps de vacances sont des propriétés privées, on ne se gare donc pas aussi facilement qu'ailleurs, surtout en plein été. Le Cream Café juste au Nord est une institution locale. Tous commerces sur place.

Good banks regularly form either side of the access path at what is probably the most popular and consistent spot in Seignosse. Stable sandbanks have forged this reputation over the years and there always seems to be a left/right just south of the path and multiple peaks up towards Penon. Often has a very defined channel between peaks and rippy inside sections. Dead high tide will be a struggle when small and diagonal super rips can hold up the close-outs when the faces exceed 8ft. Bourdaines is a regular contest site because there is almost always something contestable and it is one of the shorter distance walks from car park to sand north of Hossegor. Holiday apartments make it more difficult to park here in summer when the place rams out by early afternoon. Cream Cafe in the northern conner is a local and surf industry hang out. All facilities, abilities and communities.

LE PENON

3. LES ESTAGNOTS

Un nom célèbre parce que médiatisé par le Rip Curl Pro et souvent squatté par les voyageurs. Reste un accès facile à de jolis pics assez éloignés du bord. Tient sans doute plus de taille que les plages voisines des Bourdaines et du Penon, mais au prix de courants latéraux intenses. Les bancs de marée haute, plus à l'inside, donnent des vagues creuses et rapides. Toujours du monde à l'eau, et quelques locaux aigris. Il est maintenant interdit de squatter le parking pour dormir, les vans sont chassés et l'amende de 17€ reste tout de même dissuasive, bien qu'à comparer aux tarifs des campings voisins (Aire de Camping sur la D79, autres campings à 10 minutes de marche). Magasins, restaurants, et un bon surf shop sur place.

Top quality peaks when a good W-NW swell hits the sand. Handles a bit more size than Bourdaines and Penon, but expect severe long-shore drift when bigger. High tide inside banks can be hollow and fast. Always a crowd and the odd combative local. Large car park used to be free-camp central, but it is now forbidden to park campervans in any Seignosse car park overnight. The fine is €17, which may work out cheaper than the Aire de Camping back on the D79 or any of the big campsites within 10mins walk of here. Restaurants, bars, shops and a well-stocked surf shop add to the usual set up.

ESTAGNOTS

LES CULS NULS

HOSSEGOR

4. LES CULS NULS

Spot de transition, car à partir d'ici, le shore-break devient carton, façon La Gravière. Souvent meilleur aux marées un peu hautes et avec pas trop de swell, car la plage est pentue. Vagues puissantes jamais trop loin du bord. Il y a souvent du monde, et ce n'est pas la meilleure option en été par faible houle. Parkings limités, garez-vous en bord de route et traversez la dune en utilisant les accès prévus. Comme son nom l'indique, le maillot de bains n'y est pas indispensable. A accueilli le Quik Pro France en 2010, avec des barrels de fou ridés en tow-in!

The link between the normal beachbreaks to the north and the heavy shories of La Gravière. Usually better at mid to high tides with a moderate swell, because of the steeper beach angle. Powerful action close to shore. Spends small summer swells dormant so only scores a 6 for consistency and about the same for crowds. The limited roadside parking (beware soft sand), long, slatted, dune stabilising paths and lack of facilities deter the lazy. Location for the Quik Pro in 2010 and delivered astonishing barrels in tow out conditions. Cul Nul translates as bare bums, giving the summer sea lice a bigger target.

5. LA GRAVIÈRE

6. LA NORD

7. LA SUD

Un spot de repli pour ceux qui ne souhaitent pas se frotter à la Nord les jours de gros. Souvent des gauches faciles et jamais très grosses, avec peu de jus, mais laisse place à un shorebreak insurfable à marée-haute. Qualité de l'eau douteuse due à la proximité de l'embouchure. Garez vous Avenue de la Grande Dune, au Sud du rond-point du front de mer.

A sheltered spot for those not willing to tackle La Nord on big days. Favours lefts and gives beginners somewhere to surf away from the rippers. Easy and never too big, but turns into an unsurfable shorebreak on high tide. Water quality can be dubious, being so close to the rivermouth. Park on Blvd De La Grand Dune south of the Front de Mer roundabout.

MASUREL/AQUASHOT

La Gravière peut avoir l'air parfaite mais reste toujours nerveuse et imprévisible, fermant souvent sur des bancs de sable à peine immergés et tout près du bord, dans un spectacle rappelant les jeux du cirque.

La Gravière may look perfect, but it is often unpredictable and angry, closing-out over barely covered sandbars that are so close to shore it provides a colosseum atmosphere for the crowds.

NICO CHAPMAN

BONNARME/AQUASHOT

LA GRAVIÈRE

LONGEUR	LENGTH	+3	FOULES	CROWDS	−7
TUBE	BARREL	+9	RISQUES	HAZARDS	−4
FRÉQUENCE	CONSISTENCY	+6	POLLUTION	POLLUTION	−2
TOTAL		18	TOTAL		−13

La légendaire machine à tubes d'Hossegor avait baissé en qualité suite au dragage de la rivière, mais la qualité des vagues est à nouveau au rendez-vous, en atteste l'édition du Quik Pro 2011. Les vagues frisent parfois au large, puis se reforment plus à l'intérieur en atteignant des bancs de sable moins profonds. Le courant augmente avec la taille des vagues, et est parfois si fort les jours de gros que seuls les locaux en tow-in sont de la partie. Quand le set rentre soyez prêts à attendre votre tour et à vous faire touiller. On bascule sous une lèvre épaisse, dangereusement près du bord et ça ne peut pas passer à chaque fois. Prévoyez une planche de rechange et méfiez vous du jus. La marée et la période de houle sont des paramètres en lien direct avec la qualité des vagues, très variable finalement. Les aménagements sont au Front de Mer un peu plus au Sud. Il y a des accès aménagés à travers la dune.

Sited on an old gravel pit, this is the legendary Hossegor tube spot. Dredging the rivermouth has affected wave quality in the past, but it is back with a vengeance, hosting pro-surfing competitions in huge conditions, including the 2011 Quik Pro. Sometimes white-caps outside, rolls in and reforms, standing up over the shallow inside bars. Heavy, thick-lipped beasts, break perilously close to shore and often close-out, snapping more boards than just about anywhere. Tidal range radically affects the window for ideal conditions, as does swell period, which decides if it is messy and inconsistent or lined-up and bombing through. The rip speed usually rises in direct proportion with the swell height and on big days, only the tow crew will be able to get into the sets before being swept south in the current. Humbling for all but the barrel experts and the pros. Facilities down the beach at Hossegor's Front de Mer. Park along Blvd de Front de Mer (D79) and use slatted access paths through the stabilised dunes.

POULLENOT/AQUASHOT

LA NORD

LONGEUR	LENGTH	+ 6	FOULES	CROWDS	− 9
TUBE	BARREL	+ 7	RISQUES	HAZARDS	− 2
FRÉQUENCE	CONSISTENCY	+ 5	POLLUTION	POLLUTION	− 2
TOTAL		**18**	**TOTAL**		**−13**

Généralement le seul beachbreak surfable au Nord de Capbreton quand les bouées dépassent les 3m. C'est un spot de grosses vagues capricieux avec principalement des droites quand les bancs sont là. Peut marcher à toute marée mais souvent meilleur autour de la mi-marée. Lors du WCT de 2004 les frères Irons ont montré comment le surfer à 4m sans avoir recours aux jet skis. Le shore-break du Front de Mer est suicidaire, ensuite la passe permet à n'importe qui de rejoindre le pic. Mieux vaux être préparé et équipé d'une planche assez longue pour assurer les drops verticaux et passer les sections creuses et rapides. Toujours du monde, surtout si c'est pas trop gros. Par conditions musclées, on vient souvent checker le spot puis on se contente de regarder depuis la plage ! Nombreux locaux en SUP. Accès au parking limité en hauteur par une barre, les vans se contenteront des rares places dans les rues.

Prendre une gauche
à La Nord est souvent
synonyme de bonne partie
de rame au retour, à
moins d'avoir un jet pour
affronter les incessantes
barres de mousse.

Splitting the symmetrical
peak at La Nord will leave
the surfer going left with a
much more difficult paddle
out and constant walls of
whitewater that may need
a PWC to negotiate.

Along with La Sud the only rideable beachbreak north of Capbreton when the swell heads towards 3m on the Biscay buoy. The shifting, outside bank holds triple overhead plus and favours rights into the rip torn paddling channel. Steep drops and fast walls with barrel sections. Can work at all tides but mid is the best bet. Heavy water when the rips are in full flow, as a torrent of water makes its way down from the Seignosse beach whitewater maelstrom to the north. Once the vicious shoredump is negotiated there can be a deep trough, allowing the unskilled to easily get out of their depth. La Nord is always crowded, even when smaller and when the big swells hit, everyone descends on the area, often only to watch. Popular with the local SUP crew and extra inches are a good idea to get into the jacking sets. Height restriction on the car park so vans have to use the ever-shrinking street parking.

CAPBRETON

8. L'ESTACADE

Calé à la digue sud du port, c'est le spot de repli ultime avec une taille de vague dérisoire par rapport aux plages exposées. Relativement abrité des vents de Nord. Qualité variable, souvent mou, parfois c'est plus creux mais ça tend alors à fermer. Bref jamais parfait. Beaucoup de débutants ou autres quand c'est le seul spot surfable. A marée haute, les digues créent un backwash. Zone très touristique aux aménagements complets, mais attention aux places de parkings payantes en ville. Il est préférable de se garer dans les rues en arrière.

Tucked along the port's south jetty, this is the ultimate shelter with laughable size compared to exposed beaches. Handles some N wind. Sometimes full and bloated, occasionally sucky and closing-out, but never perfect. Many beginners and desperadoes when it's the only option. High tide backwash off the seawalls that protect the shops and restaurants on this crowded tourist strip. Centre of town pay car park or in the smaller lots and streets a block behind the shops.

9. LE PRÉVENT

Calé entre 2 épis rocheux face au centre de rééducation des sportifs « CERS », on y trouve des bols bien creux par forte houle. Les locaux affectionnent ce spot, surtout en hiver. Vous ne serez pas le seul à vouloir surfer ces vagues bien punchy, courtes mais intenses. Du jus le long de la digue Sud, ainsi qu'une gauche souvent bien définie. Une droite fait souvent place côté N. Vagues qui ferment et backwash terrible à marée haute. Surpopulation de bodyboarders, surtout les weekends. Les écoles amènent ici leurs meilleurs élèves, déjà aguerris. Depuis que le front de mer est piéton, c'est la lutte pour se garer.

Stuck between two groynes and the athletes physiotherapy centre is a tiny beach with hollow bowls on a strong swell. This is where most of the surfers in the area will end up in winter and fight for one of the steep, sucky, sand-churning slammers that might just hold up enough for a short, fast ride. There's often a left into the rips near the southern groyne and a stable right at the north end. Plenty of close-outs and terrible backwash on high tide. Over-populated on weekends, attracting plenty of bodyboarders. Surf schools seem to use this beach when really it is for intermediates upwards. More difficult town parking since they pedestrianised the beachfront.

10. LE SANTOCHA

Avec un surf club existant depuis plus de 30 ans c'est la vague surfée le plus régulièrement. Elle prend un peu plus de houle que les autres, mais reste surfable avec de la taille. Une droite tend à se former le long de l'épi rocheux. En général le drop est bon et on a un peu de mur avant que la vague ne ferme à l'inside. En dérivant plus au S vers le blockhaus, vous trouverez des vagues généralement plus creuses. Les courants sont vicieux et la rame peut-être épuisante. Certains se mettent à l'eau au Prevent puis contournent les épis. Quand c'est petit, le spot voit rappliquer les écoles de surf de Capbreton. Site de contest, qui accueille des

CAPBRETON

11. LA PISTE/VVF

Délimitée par des vestiges de blockhaus et une imposante dune, on y trouve une des vagues les plus photographiées de la côte. Souvent des tubes parfaits pour qui sait se placer au milieu de locaux doués et de visiteurs affamés. De la basse mer à la mi-marée, c'est souvent top avec des bancs de sable plus en recul qui génèrent des vagues aussi voire plus tendues que leurs voisines d'Hossegor : wipe out et bonnes apnées sont au programme quand ça rentre avec de la taille. La fête continue sur l'accès du VVF, au Sud, avec pleins d'autres bons pics mais rarement peu de monde pour les surfer. Nécessite un peu plus de houle que les autres plages plus au Nord, et ne tolère pas le vent onshore. Avec les bonnes conditions, ça peut être parfait. C'est le spot le plus réputé et consistant sur Capbreton, donc logiquement toujours saturé par le monde, en bodyboard ou shortboard. Le courant est fort, mais sans ça les vagues ne seraient pas de cette qualité. Seuls les surfers de niveau intermédiaire et confiants devraient tenter leur chance ici.

With semi-submerged blockhaus scattered in the sand and a large dune system keeping the suburbs in check, this is one of the most photographed beaches on the coast. Perfect barrels are regularly on offer for those that can handle the packs of gifted locals and tube-hungry visitors. From low to mid tide is prime time, when the swell focuses on banks that seem to have a bit more punch and urgency than just about anywhere in Hossegor, so prepare for air drops and some solid floggings when it reaches headhigh plus. There will be more sand-dredging peaks up towards the massive VVF camping village, where more space is not necessarily guaranteed. Needs more swell energy than the open beaches to the north and hates the onshore wind, but when it is on, it's top quality. High consistency in the 7-8 range, means it is always crowded with shortboarders and bodyboarders, hucking and tucking in the shorey. There are some strong currents, but without the rips, it would be more of a straight-hander. It has been known to get tense around here so only confident intermediates should try their luck.

compétitions locales mais aussi le King of the Groms. Du monde et des vagues toute l'année, et un tout petit parking Impasse de la Savane. La boulangerie du coin constitue une bonne étape post session.

The most regularly surfed wave in Capbreton, complete with 30yr old surf club. Picks up swells that close-out the open beaches and forms up nice, fat peaks. Good drops followed by slopey walls and close-out inside section. A righthander tends to form along the groyne and it gets much hollower the further south you drift towards the blockhaus. Rips are often strong and paddle-outs can be long - many choose to sneak out at Le Prevent and paddle around the groyne. Plenty of beginners from the Capbreton surf schools on smaller days and plenty of rippers. Regular contest site from local to King of the Groms. Consistent and crowded year-round with little parking on Impasse de la Savane. The local boulangerie/patisserie is famed for post surf pastries.

LA PISTE

Gerry at Pipeline. JAMES CASSIMUS

CÔTE BASQUE

BELHARRA

A portée de vue du massif pyrénéen, l'Atlantique est capable d'élever ses propres montagnes sur le reef de Belharra.

Under the shadowy gaze of the Pyrenees, the Atlantic is quite capable of throwing up its own mountain ranges on the Belharra reef.

+ VARIÉTÉ DE VAGUES CONSISTANTES
+ SPOTS DE GROS SURF
+ SPOTS DE REPLI
+ TOUTES SAISONS
+ FORTE IDENTITÉ CULTURELLE

- CLIMAT HUMIDE TOUTE L'ANNÉE
- POLLUTION ET MONDE À L'EAU
- EAU FROIDE EN HIVER
- BOUCHONS EN ÉTÉ
- CHER

La Côte Basque partage beaucoup de similitudes avec la côte Nord de l'Espagne et bénéficie d'une bonne configuration des fonds. La côte est parsemée de dalles de rochers qui concentrent les trains de houle parmi les plus ordonnés et parfaits qui soient, pour créer des spots de gros très impressionnants. Il y a aussi des criques, des pointes de rochers et une succession de digues à Anglet, qui ont l'avantage d'être protégées du vent, ce qui n'est pas le cas sur les plages situées plus au Nord. Cette portion de côte assez courte s'incurve depuis les spots exposés Ouest/Nord-Ouest d'Anglet jusqu'à la plage protégée d'Hendaye orientée presque Nord, plus adaptée aux débutants et cross/ offshore quand ça souffle fort du Sud-Ouest.

BONNARME/AQUASHOT

AQUITAINE

ANGLET
BIARRITZ
SUD PAYS BASQUE

+ VARIETY OF CONSISTENT WAVES   – WET CLIMATE YEAR-ROUND
+ BIG-WAVE VENUES   – POLLUTION AND CROWDS
+ SHELTERED SPOTS   – COLD WATER IN WINTER
+ SUMMER AND WINTER BREAKS   – SUMMER TRAFFIC
+ BASQUE CULTURAL INTERESTS   – EXPENSIVE

The 'Côte Basque' shares many characteristics with the north-facing Spanish coast and is blessed with some decent submarine geology. Slabs of reef dot the coast, focusing some of the most organised and unadulterated swell trains into scary, big wave arenas. There are also coves, headlands and a series of jetties in Anglet, offering wind protection unseen on the beaches to the north. This short coastline curves from the exposed WNW-facing spots of Anglet to the sheltered, northerly aspect of the beginners' beach at Hendaye, creating cross/offshore conditions when winter south-westerlies blow.

E

POULLENOT/AQUASHOT

CÔTE DES BASQUES

Si l'extension de la jetée à l'embouchure de l'Adour a plongé La Barre dans un profond coma, les courtes digues d'Anglet, elles, contribuent au dynamisme des spots Angloys.

The jetty extension at the mouth of the River Adour may have put Le Barre in a coma, but the short jetties of Anglet still offer plenty of action.

BIARRITZ & ANGLET

BASQUE COAST

Les reefs connus comme Guéthary et Lafitenia attirent du monde qui vient de loin lorsque les plages d'Aquitaine saturent ou sont trop onshore. Il faut ajouter qu'avec des marées de vives eaux de 4m et plus d'amplitude, les bons créneaux sont assez réduits, ce qui engorge les spots un peu plus. La Côte Basque est maintenant considérée comme une destination de gros surf en Europe depuis que le reef de Belharra a été découvert et surfé en tow-in en 2002. Avalanche peut aussi tenir des houles énormes, ce qui ravit les quelques locaux hardcore qui préfèrent y aller à la rame. Les nombreuses possibilités offertes sur la Côte Basque en font une bonne destination toute l'année. Des beachbreaks d'Anglet aux reefs du secteur de Guéthary, il y a toujours des vagues à surfer et quelqu'un pour les surfer, quelle que soit la saison.

PARLIMENTIA, GUÉTHARY

Famous reefs like Guéthary and Lafiténia attract the crowds from far and wide, especially when the Aquitaine beaches are maxed-out or onshore. Furthermore, with huge 4m+ spring tidal ranges, the window of opportunity becomes compressed for many spots, adding to the density of surfers in the line-up. The Côte Basque is now recognised as the big-wave venue on mainland Europe since the 2002 discovery and subsequent towing-in at the bombora reef Belharra. Avalanche also handles huge swells, entertaining a dedicated local crew of chargers who usually prefer to paddle-in. Flexibility in aspect and wave type suggests that the Côte Basque is a year-round surf destination. From the summer beachies in Biarritz and Anglet to the winter reefs beyond Guéthary, there is always something to ride and there is always someone to ride it, regardless of the season.

SURF STATS - Lafitenia		J F	M A	M J	J A	S O	N D
HOULE	Dominante	Dominant swell						
	Hauteur (m)	Size	2.1	1.8	1.3	0.8	1.6	2.1
	Fréquence (%)	Consistency	60	70	70	60	80	70
VENT	Dominante	Dominant wind						
	Force moyenne	Average force	F5	F5	F4	F3	F3	F5
	Fréquence (%)	Consistency	36	37	38	39	31	40
TEMP.	Combinaison	Wetsuit						
	Temp. de l'eau (°C)	Water temp.	13 12	12 14	16 19	21 22	21 19	17 14

BRUNO MORAND

BAYONNE

INFOS VOYAGE
TRAVEL INFORMATION

POPULATION	Pyrénées-Atlantiques – 650 000
**LITTORAL	COASTLINE**	35km (21mi)
COMPETITIONS	Roxy Pro (Womens WT & Longboard, Biarritz, Jul)

S'Y RENDRE | GETTING THERE

Paris est à seulement 1h d'avion, avec des vols Air France et Easyjet. Vols lowcost depuis Londres avec Ryanair (le prix grimpe vite si vous avez un boardbag notamment). Egalement des vols directs depuis Bruxelles, Rotterdam, Genève, Dublin, Lyon et Nice. Le TGV au départ de Paris Montparnasse met 5h10 pour rejoindre Biarritz, mais assurez-vous que les boardbags soient acceptés à bord. En voiture il faut 8 à 10h, le péage est cher. Le prix de l'essence est d'environ 1,60€/L, le diesel est un peu moins cher (10%).

It's a 1hr expensive internal flight with Air France from Paris, but now cheaper with Easyjet. Ryan Air fly cheap from London, plus all the "low cost" add-ons like luggage, boardbag, food, drink, tax, booking fee, etc. Brussels, Rotterdam, Geneva, Dublin, Lyon and Nice also have direct connections. It takes 5hrs 10mins by TGV bullet train from Paris (Gare Montparnasse) and boards are only carried on certain routes and at certain times, (usually for free in the carriage or luggage section) so check before booking. Paris is 8-10hrs drive by peage, an expensive toll highway. Fuel costs are about €1.50/l, with diesel being 10% cheaper.

SUR PLACE | GETTING AROUND

La qualité des routes est très bonne, mais le trafic sur la N10 qui sillonne l'Aquitaine est souvent chargé. Elargissement à 3 voies et péage sont au programme. Les parkings sont fréquents à proximité des spots, mais pris

d'assaut en été et à l'automne. Le service de bus est surtout efficace dans la zone du Biarritz/Anglet/Bayonne (BAB). Depuis 2011, les bus Chronoplus offrent une désserte élargie, avec un ticket à 1€ valable 1h. Bus au départ de la gare de Biarritz La Négresse. Les trains s'arrêtent aussi à Bayonne, Guéthary et St-jean de Luz. Se déplacer en vélo est galère, avec des côtes, une pluie fréquente et une circulation dense. Le superbe sentier du Littoral longe la côte de Bidart à Hendaye.

The road network is very efficient, although the N10 road (will be a 3 lanes highway with toll soon) running down the coast of Aquitaine and the Pays Basque is busy. There are car parks close to most spots but they get quickly rammed in summer and autumn. The bus service is only reliable in Bayonne, Anglet and Biarritz ('BAB'). Since 2011, a new bus network called Chronoplus serves BAB and all journeys are a flat €1 ticket, valid for one hour. There is also a 10min airport connection from Gare de Biarritz. The train stops in Bayonne (for Anglet and Biarritz), Guéthary and St-Jean de Luz. Cycling around here is tough, because of steep hills, rain and traffic. Great scenic path along the coast from Bidart to Hendaye.

MASUREL/AQUASHOT

ROXY JAM. GRANDE PLAGE

LOGEMENT ET GASTRONOMIE | LODGING AND FOOD

De nombreux hôtels, du basique au palace. Le long de la N10 vous trouverez une chambre double autour de 25€, mais la tendance est plutôt autour de 35€ en ville. Tarifs haute saison. Les campings sont nombreux mais plutôt chers de Mai à Septembre, attention il pleut souvent. Un restaurant standard vous coutera autour de 20€ sans le vin, et les spécialités de fruits de mer ne manquent pas. De grands supermarchés permettent de faire sa cuisine sans exploser le budget.

Many hotels, from budget up to 4-star. On the N10, you can expect a double from €25, but the average in town is €35, especially in high season. Campsites are plentiful and often expensive from May to September, but beware of the wet climate. Typically, a restaurant bill is €20 per head sans wine and there are many seafood options. Hypermarkets have a huge selection of cheap food for self-caterers.

CESTA PUNTA

CLIMAT	WEATHER – Biarritz	J/F	M/A	M/J	J/A	S/O	N/D
Précipitations (mm)	Total rainfall	132	126	105	84	130	161
Fréquence (j/m)	Consistency (d/m)	14	13	12	12	14	16
Température min. (°C)	Min temp.	5	7	12	16	13	6
Température max. (°C)	Max temp.	12	15	20	24	22	14

CLIMAT | WEATHER

La proximité des Pyrénées engendre de fortes précipitations, avec près de 1500mm annuel sur la Côte Basque (il pleut en moyenne 1 jour sur 2). C'est moins que de l'autre côté de la frontière, mais plus qu'à Hossegor. En été il fait nuit vers 22h, et 18h en hiver. De Mars à Octobre, le climat est plutôt stable. En Mars ou Avril, il n'est pas rare d'avoir des températures de 20°C. Mai et Juin sont des mois plus chauds, et la température de l'eau s'améliore doucement. Niveau combi, c'est comme pour Hossegor : 4/3 en hiver, 3/2 en intersaison, et shorty ou boardshort en été.

Due to the proximity of the Pyrenees mountains, it rains about 1500mm annually on the French Basque coast (1 day out of 2), which is less than the Spanish Basque country, but more than Hossegor. Summer stays light until 10pm; in the winter it's dark by 6pm. The weather is reasonably stable from March to October. March and April can experience occasional afternoon temps around 20°C (68°F), while May and June are much warmer months, despite the cooler water. Same wetsuit requirements as Hossegor ie; 4/3 winter and springsuit summer with everything in between.

NATURE ET CULTURE | NATURE AND CULTURE

L'aquarium de Biarritz (refait en 2011) vaut le détour. Après 6 ans de projet et travaux, la controversée « Cité de l'Océan et du Surf » a fini par voir le jour. Début Août, ne ratez pas les célèbres Fêtes de Bayonne, une fête très fréquentée de 3 jours dans les rues. Nombreux festivals en été. En pleine saison, les bars et boites sont fortement animés. La présence de l'océan et les montagnes toutes proches créent un cadre unique, où il fait bon vivre. Large panel d'activités sportives, du golf aux sports d'hiver, sans oublier la pelote basque et les courses de vaches.

There is an aquarium in Biarritz (refreshed in 2011), as well as a surf museum - Cité de L'Océan et du Surf has finally been completed after 6 years. If you are in the area in early August, then don't miss the Fêtes du Bayonne, 3 days of non-stop partying on the streets. There are more festivals in summertime. Bars and nightclubs are very lively in peak season. The combination of sea and high mountains found in the Basque Country make this area one of the most beautiful and enjoyable places in the world. Local sports that are well catered for include golf and mountain sports in the Pyrenees, whilst pelote and courses de vaches are interesting spectator sports.

EAUX BONNES, PYRÉNÉES

DANGERS | HAZARDS AND HASSLES

Quelques digues et reefs peu profonds peuvent être dangereux. Des cours d'eau se jettent dans l'océan, et la pollution augmente avec la fréquentation touristique, surtout après de gros orages. En plein été, il est difficile de circuler et de se garer. Evitez d'arriver à la plage au milieu de l'après-midi, et préférez plutôt le créneau déjeuner/sieste de midi à 14h30 qui fait désemplir les spots.

Jetty rocks and shallow reefs can be threats. River run-off and tourist crowds equate to bad summer pollution, especially after storms. In the winter, beaches get covered in rubbish washed in by big storms. Driving the N10 and parking at just about every spot, becomes tricky during July/August. Avoid mid-afternoon arrivals at the beach and take advantage of the 12-2.30 lunch/siesta that many observe religiously.

CONSEILS | HANDY HINTS

La zone est développée, c'est aussi l'épicentre du surf en Europe : par conséquent on trouve tout ce que l'on veut. La plupart des surfshops sont ouverts toute l'année, mais le matériel n'est pas spécialement bon marché. Pour shooter du gros sur le reef, armez vous d'un gun. Une session à Parlementia, où une planche de 9'' est le standard, reste souvent mémorable. Quelques mots de français (voire de basque) seront appréciés.

This is a well-developed area with everything you will need. Some surf shops are open year-round and in general gear is expensive - you will need a gun to surf the reefs when they're big and get any joy from the Parlementia crew who all ride red, nine-plus pintails! Try and learn some French beyond oui and merci, as it will be appreciated.

ANGLET

1. LA BARRE

La vague légendaire des années 60 a définitivement disparu suite à la construction de la digue de l'Adour et ses extensions successives. Des pics se forment encore entre les jetées qui réduisent la taille de la houle et protègent des vents cross-shore. Une houle moyenne à forte est requise pour espérer trouver de bonnes vagues. A marée haute le spot ne fonctionne pas, où alors vous trouverez juste un violent shorebreak. Des gauches bien pentues et de bonnes droites sont souvent au menu, mais lorsque c'est énorme, place aux jets qui permettent de shooter de grosses bombes en tow-in plus au large. On trouve parfois une gauche tubulaire à l'extrémité de la petite jetée au Nord, mais les courants et le niveau d'engagement requis en font une vague pour experts ou bodyboarders seulement. Attendez vous à trouver du monde à l'eau, surtout si les autres plages d'Anglet saturent ou souffrent du vent. Hélas la proximité de l'embouchure entraîne une pollution record, qu'elle soit d'origine naturelle ou industrielle. Lac, sentiers piéton et grand camping pour les vans en arrière de la plage.

The famous wave of the '60s has disappeared with the Adour jetty constructions and extensions. Peaks still form between the jetties that filter the swell and somewhat block cross-shore winds. Conditions need to be moderate to heavy swell to start breaking with any power and any high tide will kill it or create a death shorepound. Ranges from fat slopey lefts and the odd right to seriously big tow-in walls on the outside. There is also a rarer left that barrels hard off the tip of the short northern jetty, but rips and degree of difficulty make it an expert or bodyboard only spot. Will get very packed when the other Anglet beaches are windy and closed-out. Unfortunately the vicinity of the rivermouth ensures sickening levels of residential and industrial pollution. There are lakes, promenades and a large campervan parking site behind the beach.

2. LES CAVALIERS

En saison on voit régulièrement une centaine de surfers à l'eau, cherchant un tube rappelant Hossegor, ou simplement quelque chose à se mettre sous la planche quand c'est flat partout. Un spot très consistant qui tient également bien les grosses houles, lorsque les bancs de sable à l'outside délivrent de solides vagues à marée basse. Autour de la marée haute, et comme souvent sur le sable, vous ne trouverez guère mieux qu'un mauvais shorebreak. Un chenal le long de la jetée facilite la rame au pic, notamment pour les surfers intermédiaires qui arriveront à sortir même quand il y a de la taille. Si c'est petit, les écoles de surf seront dans le coin, et les locaux ne partageront pas facilement les jolis pics triangulaires. Il y a souvent du jus malgré la présence de la digue, et les eaux peu limpides de l'Adour se déversent tout proche. Un peu de marche vers 'Les Dunes' peut rapporter dans les 2 cas de figure. Des compétitions internationales y sont régulièrement organisées. Les parkings (dont les accès sont limités en hauteur) sont vite pris d'assaut en été.

Peak summer/autumn season often sees over 100 surfers in the water, looking for tubes rivalling those of Hossegor or simply something to surf when everywhere else is flat. Handles stronger swells that focus nicely through the rivermouth and unfurl over the outer banks at low tide, before edging inside and ending up as proper shore-dump for a couple of hours at high. The paddling channel beside the jetty provides easy access, allowing intermediates to find themselves out of their depth when it gets big. When it is small, there's lots of surf school action and aggressive crowds bickering over the pretty A-frames. Still gets rippy, despite the jetty shelter and that lovely Adour river water is always present. Walking south towards 'Les Dunes' may yield good results. Regularly hosts large international contests. Height restricted parking lot fills up quickly in summer.

3. PLAGE DE L'OCEAN

Situé au bout de l'Avenue de l'Océan qui coupe à travers le golf, à mi-chemin entre Les Cavaliers et La Madrague, ce spot est souvent moins fréquenté du fait d'un parking limité. Il n'y a pas de jetée ici, les bancs de sable sont donc moins stabilisés et les courants parfois forts. A marée haute, l'angle de la plage fait que c'est souvent comme aux Cavaliers : pas de vague et/ou mauvais shorebreak. Quand les baïnes

LA BARRE

LES CAVALIERS

sont en place, attendez-vous à trouver des bonnes gauches et droites. Le plus souvent c'est juste un beachbreak correct, idéal pour se perfectionner sans se faire tougner. Plage surveillée et hélisurface.

Inbetween spot that may have less crowds thanks to limited parking at the end of Ave de l'Ocean that runs through the golf course. There are no jetties on this stretch of Anglet sand, so sandbars are quite transient, rips can be strong and the beach angle means it behaves like Cavaliers at high tide. If the baines are established, then piping lefts and rights can appear otherwise average beachbreak conditions allow improvers a few shoulders without getting shouted at. Lifeguard and helipad here.

4. LA MADRAGUE

Avec des bancs de sables en mouvement constant autour des 2 digues, pas évident de prédire les conditions sur ce spot. On peut y trouver des murs propres rapides si la marée n'est pas trop haute et le swell pas trop fort. On l'a toutefois jugé assez consistant pour y organiser une épreuve du WCT féminin. La jetée a quasiment disparu, ensablée par l'embouchure de l'Adour non loin.

With sandbanks constantly shifting around a couple of jetties, it's hard to forecast what this one will be like. Easily overpowered by moderate swell and big high tides kill it off, but can have some crisp, fast walls. Deemed consistent enough to run a women's WCT event so it is often crowded. The jetty here has almost disappeared under the sand drifting down from the rivermouth.

5. LES CORSAIRES

Comme à la Madrague, 2 jetées contribuent à la formation de bancs de sables et il y a très souvent au Sud un bon pic gauche/droite, bien marqué. Au changement de marée un pic vient un remplacer un autre, et s'il y a plus d'un mètre ça fonctionnera jusqu'à la marée haute. Deux parkings donnent sur la plage, mais ils se remplissent vite en été. Parfois un peu de localisme, d'autant plus que la zone de baignade diminue le spot et concentre les écoles de surf.

Like in Madrague, the jetties help shape the banks and the southern end usually builds up a good sandbar peak with rips either side. As the tide shifts, one peak will replace another and it will break right through high tide if the swell is above 1m. Two big parking lots here but they fill quickly in summer. Can be a bit localised as the swimming flags cut down the options and the surf schools add to the flotilla.

6. MARINELLA

Comme toutes les plages d'Anglet, Marinella peut se montrer un jour parfait, l'autre pourri, suivant le vent et la configuration des bancs de sable. Plus de pics vers la jetée, avec de bonnes vagues plutôt creuses, quelle que soit la marée. Un swell intermédiaire d'O-NO et un vent d'Est sont les ingrédients à réunir. C'est la plage qui bouge le plus en saison grâce à la proximité de l'auberge de jeunesse. Des vagues sympas et toujours beaucoup de monde à l'eau, mais l'ambiance reste bonne.

Like all the Anglet beaches, Marinella can be magic one day and junky the next, depending on the sand distribution and wind. Peaks will flank the jetties and work right through the tide, offering some steep shoulders and the odd pit. Medium W-NW swell and any E wind will do. International crowd here with proximity to the Youth Hostel. Mega vibes in summer and autumn weekends.

7. SABLES D'OR

La direction de la houle conditionne le type de vagues : soit on trouve de longues droites, soit des gauches plus courtes mais aussi plus creuses. Les bons jours, on peut s'y mettre des tubes. N'hésitez à vous servir du jus le long de la digue pour remonter au pic. Ce spot fonctionne avec à peu près toutes les marées, et tient un peu plus la taille que les spots plus au N. Si c'est énorme, ça sature. Les meilleures sessions s'y font hors saison, c'est plus calme. Lieu de rendez-vous incontournable avec un parking en front de mer, et plusieurs surfshops, restaus et sandwicheries. La zone de baignade instaurée le long de la jetée droite réduit la zone surfable en été. Webcam.

Swell angle often dictates whether the longer rights or hollower lefts will be better and powerful tubes appear on the good days. May seem a bit easier to get out when the swell jumps and the jetty rips can help avoid a pounding. Handles all tides and a bit more swell than the open spots just to the north before closing out beyond the jetties. Better chance of scoring outside of summer, when crowds can be crazy. A very central area to check the surf, with waterfront parking spots, surf shops and restaurants. Lifeguards monitor a swimming area along the right jetty in summer, which further reduces the surfing zone. Webcam.

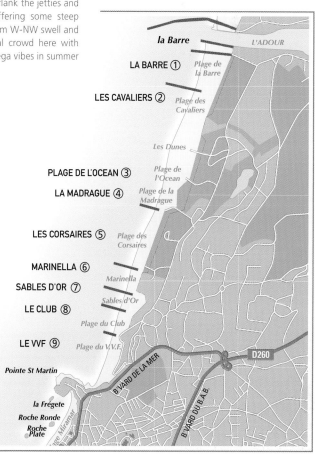

MASURE/AQUASHOT

8. LE CLUB

De bons pics à surfer, donc 2 droites souvent calées aux extrémités respectives de la grande et de la petite jetée. Les membres de l'Anglet Surf Club squattent la murette en attendant que le pic se cale, et le fait qu'il y ai une webcam ne fait que drainer plus de monde sur ce spot consistent, qui parfois accueille des compétitions. Y'a du tube à choper ici, avec un shorebreak apprécié des bodyboarders (à marée haute, lorsque le backwash peut gêner). On rame plus facilement au large le long des jetées, mais si les vagues sont de bonne taille les débutants se feront vite refouler. Faut se lever tôt pour trouver une place de parking dans le coin en été.

More good peaks and there's often a defined, bowly right off both the short and long jetty. When it works, good tubes are on offer, especially in the bodyboarder-friendly shorebreak at higher tides, when backwash can be a problem. Paddling channels can form beside the jetties, but beginners will struggle with the power once it hits headhigh. Good luck finding a parking spot around here in the summertime. The Anglet Surf Club is directly opposite and has a webcam, attracting plenty to this highly consistent spot that is often used as a contest venue.

9. LE VVF

Avec la dernière jetée qui recule, cette portion de sable longue d'un demi kilomètre fait un peu penser aux setups des Landes. On y trouve des pics bien creux ou de longues faces bien calées, selon la configuration des nombreux bancs de sable. Pic plus fréquenté vers la petite jetée, et également une gauche juste vers la falaise éboulée, sous le phare, mais qui nécessite un peu de taille. Fonctionne à toutes les marées et avec des houles jusqu'à 3m, de plus on y est bien protégés des vents de Sud. Un passage en voiture permet de checker rapidement le spot. Avec un peu de chance on arrive à se garer de part et d'autre de la Promenade de la Chambre d'Amour, où le long de la Promenade des sources derrière l'étrange immeuble du VVF Belambra. Des vagues, donc du monde à l'eau... Attention au bunker semi-immergé à marée basse.

As the last jetty recedes, a Lande-esque feeling returns to this half-kilometre of sand as sucky peaks or long, lined-up walls hit a variety of banks from the popular short jetty peak to the left in front of the crumbling cliffs below the lighthouse. All tides, all swell sizes up to 3m and it is nicely protected from all S winds. Road above the beach allows for quick checks then park (hopefully) at either end of the Promenade de la Chambre d'Amour or along Promenade des Sources behind the brutal buildings of the VVF Belambra. Consistent and crowded in the 9 range. Beware the semi-submerged bunker at low tide.

SABLES D'OR

SABLES D'OR, LE CLUB, LE VVF

MASURE/AQUASHOT

BIARRITZ

1. GRANDE PLAGE

Plage chic et frime de la Côte Basque, la Grande prend un peu moins la houle qu'Anglet mais se surfe quasiment dans toutes les conditions. Les rochers comme le Shining ou la Roche Plate contribuent à la beauté du cadre tout en calant les pics au Sud de la plage, à l'abri des vents de S-SO. Spot très changeant, parfois c'est bien calé et facile, d'autres fois c'est très creux et tend à fermer. La Côte des Basques est plus adaptée pour les débutants. L'absence de parking gratuit, le nombre de surfers et la zone de baignade compliquent les sessions, heureusement c'est éclairé la nuit!

The Basque coast's chic city beach receives less swell than Anglet, but handles a very large variety of conditions. Rocks on the south part of the beach contribute to the beauty of the site while shaping the banks and blocking S-SW winds. Sometimes the fat rolling peaks are fun and easy, other times they are sucky and close-out. Beginners will do better at Cote des Basques. On the downside, crowds, bathing zone restrictions and difficult, expensive car parking spoil the experience, unless you surf at night under the boardwalk lights!

2. CÔTE DES BASQUES

Le berceau du surf en France est resté populaire auprès des Tontons surfers et autres longboarders appréciant des vagues déroulant tranquillement à l'abri des vents de Nord. Il y a souvent un bon pic vers le mur du côté de la villa Belza, et un autre plus au centre de la plage. Un spot facile et super amusant jusqu'à taille d'épaule, qui peut s'enflammer avec une belle et solide houle, surtout sur les pics de sable et reef plus au Sud. Les îlots au large filtrent et réorganisent la houle. Bon spot d'été qui tolère un peu de vent onshore, ce qui est souvent le cas en fin de journée l'été. Entre les locaux, les visiteurs, les nombreuses écoles de surf et les touristes, c'est souvent blindé. A marée haute la plage disparaît et retranche les touristes sur la digue. Surf shops et écoles face au spot, mais parking très vite saturé.

The birthplace of France's surfing scene remains popular with longboarders enjoying mellow walls sheltered from northern winds. There's usually a peak close to the headland and another defined peak a bit further down the beach. While it is friendly and fun-

GRANDE PLAGE

loving for mals and beginners at knee to shoulder-high, there is a bit more energy at headhigh plus, especially if you drift south. The offshore islands filter and organise the swell a bit, but it is mainly a summer spot that is still rideable in the afternoon onshores.

Super popular with beginners, surf schools, cruisers and holidaymakers who all have to leave when high tide disappears the beach. Surf shop and school on the beachfront Blvd du Prince de Galles, which has limited parking that fills up quickly.

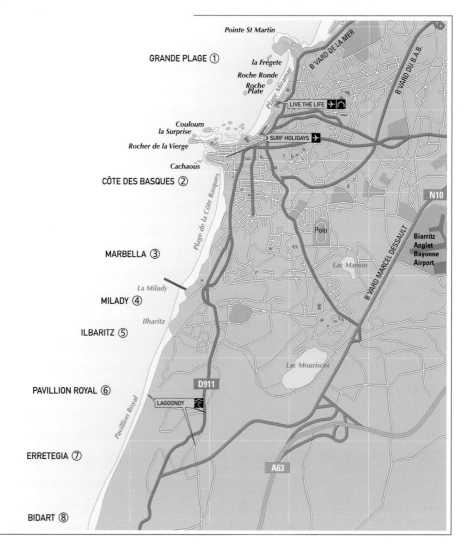

CÔTE DES BASQUES

CÔTE DES BASQUES, MARBELA & MILADY

MASURE/AQUASHOT

3. MARBELLA

La Côte des Basques s'étire vers le Sud puis laisse place à Marbella où les rochers emprisonnent le sable qui forme ici des vagues creuses, idéalement de plein bas à mi-marée et avec un petit vent de Sud. La présence de reef rend les vagues plus capricieuses à saisir, et si la plage est coupée par la marée haute alors l'accès par le sentier en arrière n'est pas des plus commodes. Ca sature assez vite et ne supporte pas l'onshore. On arrive à se garer pas trop loin, et il y a un bar de plage bien agréable.

At the southern end of Cote des Basques long beach, rocky fingers anchor the sand and can produce some steep wedges from low to mid tide and S winds. The maze of rocks means nothing works for too long and it is easy to get cut off from the access path as the tide cuts off the beach. Looks horrible in an onshore and gets overpowered by the swell quite easily. Easy parking in the small car park and streets surrounding the thalassotherapy centre and the beach bar is worth stopping at for a hot or cold one.

CÔTE BASQUE

5. ILBARRITZ

Plutôt connu pour le golf et les soirées animées du Blue Cargo, Ilbarritz possède aussi des plages qui peuvent réserver de bonnes surprises sur des reefs peu séduisants au premier abord. A checker sur le remontant, lorsque les rochers peuvent générer quelques vagues correctes. Très souvent en vrac avec des vagues qui ferment. Beaucoup de rochers à surveiller quand même. Le site accueille chaque été le Rip Curl Music Festival, et il y a un golf juste en arrière. La Cité de l'Océan et du Surf, inaugurée en 2011, est toute proche également.

Better known for golfing and dining-out, Ilbarritz also hosts a couple of beaches that can produce good waves even though the reefs don't look very appealing. On a dropping tide, the scattered rocks can help start off a corner to ride, but more often than not it is ill-defined and a mushy closeout. There are heaps of rocks to look out for. Site of big music festival in summer '11 and backed by golf course that got caught polluting the local watershed. The "Cité de l'Océan et du Surf", opened since 2011, is next to the spot and golf course.

6. PAVILLION ROYAL

L'imposant camping du Pavillon Royal s'étale jusqu'à la plage, où l'on trouve divers pics dont des droites parfois bien creuses. Jamais terrible à marée haute, ni par vent onshore. De la place pour tous en temps normal, et un peu moins quand les locaux savent que ça fonctionne. Quelques nudistes dans le coin, et 5 minutes de marche depuis la route.

The massive Camping Pavillon Royal spills onto the beach at a platform of reef that every now and then lines up some shallow, bowly rights and a choice of peaks up and down the beach. High tide does it no favours and the afternoon sea-breeze will tear it up, but there's space for all abilities. Locals will be on it when it's good. Popular nudist area, 5 minutes walk from the parking.

7. ERRETEGIA

Une plage isolée prisée des écoles de surf dont les élèves apprécient les vagues molles cassant sur fond de sable et rochers. En contrebas d'une petite falaise, la plage disparaît complètement avec les plus fortes marées, mieux vaut donc surfer sur le descendant. Un bon spot pour débutants quand c'est pas trop gros, malgré quelques rochers à éviter. La Teenie Wahine Contest de 2002 à un temps accru sa popularité, mais la longue descente depuis le parking continue d'en calmer plus d'un.

With mellow waves breaking over a mix of sand and rocks, this remote beach has long been popular with surf schools in the area. Tucked beneath low cliffs, the beach all but disappears on big high tides so dropping tide is better. Scattered rocks to avoid, otherwise it is beginner friendly when it's small to medium swell. A large Roxy contest put it in the spotlight in 2002, but the rather long walk down from the car park still keeps the crowds down.

8. BIDART

La plage centrale est maintenant facilement accessible et la présence d'un surfclub dynamique fait qu'il y a toujours du monde. Malgré quelques rochers qui découvrent à marée basse, elle peut réserver de bonnes surprises, contrairement à l'Ouhabia, visible depuis la N10, qui peut en réserver de très mauvaises à cause des rejets de la rivière. On peut parfois avoir de bons pics au large, et un shorebreak amusant à l'inside. Beaucoup d'écoles de surf en saison, et des vagues rarement excellentes.

The central beach is often crowded with local surf club members and there are some gnarly rocks to contend with that are exposed at low tide. Closes-out in bigger swells but has occasional memorable days with both fast walls outside and fun shorebreak hooks on the inside. Ouhabia is visible from the N10, but can be badly polluted by the river. Lots of surf schools and average days.

4. MILADY

Une autre plage qui peu réserver de bonnes surprises, lorsque de jolies vagues déferlent vers les pointes rocheuses. La plupart du temps c'est un peu chantier. Par houle de NO et marée basse se forme souvent une droite sympa. Peut convenir aux débutants pas trop effrayés par la présence de rochers. Marche occasionnellement mais a l'avantage d'être moins fréquenté que les spots aux environs. On se gare facilement. Qualité de l'eau parfois douteuse.

Another pocket beach that can sometimes look inviting as fun walls peel off the rocky outcrops. Often disorganised and crumbly, a NW swell should get the rights going at lower tides. OK for beginners who don't mind the odd rock popping up. Lower consistency and therefore lower crowds than the surrounding spots. Beach car park and street parking make for easy access. Water treatment plant nearby may affect water quality.

BIDART

SUD PAYS BASQUE

CÔTE BASQUE

1. PARLEMENTIA

2. LES ALCYONS

De l'autre côté de l'atypique port de Guéthary, une gauche qui jette au take-off et peut tuber sur une dalle rarement bien recouverte. Pas mal de courant en milieu de marée et des habitués dominant le pic. Il faut que ça rentre gros de Nord, mais la vague supporte un léger vent de Sud-Ouest. Minuscule plage d'Harotzen Costa. Si le spot est en feu, alors les locaux prendront place dans un lineup où l'on se sentira vite à l'étroit.

On the west side of the picturesque Guéthary harbour, a short but powerful left reefbreak, jacks on take-off and barrels across a shallow shelf. A heavy liquid and local current dominates the experts-only line-up. Needs a large N swell and can handle a bit of S-SW wind. The mini-beach is aka Harotzen Costa. Inconsistent and crowded when it works properly.

3. AVALANCHE

Pour ceux que le gun de 9 pieds démangent, les vagues du fond en contreplan des Alcyons se surfent jusqu'à 7m, soit les plus grosses vagues du coin ! C'est un spot pour surfers aussi expérimentés que téméraires, qui se shoote à la rame ou en tow-in. Les autres admireront le spectacle depuis le bord. Meilleur à marée basse. La vague déroule longuement et avec puissance, avec des sections bien creuses et une épaule massive. Pour partir à la rame, il vous faudra un gun XXL, plus long qu'à Guéthary. Lorsque c'est surfable sans être énorme, il y aura un peu plus de monde à l'eau, généralement les meilleurs locaux qui se connaissent tous.

With the right board, skills and conditions, the outside lefts of Les Alcyons can be ridden up to 7m+. This is where a handful of experienced locals paddle into the biggest waves in the country and tow crews also frequent the line-up. Best on low tide, the long walls flex and flow with some high pockets and muscular shoulders. Needs a more refined gun than Parlementia, but there's no substitute for length and thickness to paddle big Avalanche. Small to medium sized days are sometimes crowded, but they usually all know each other.

4. CENITZ

Cette baie rocheuse offre en premier lieu une gauche multipics sur fond de reef, mais il faut un swell assez puissant et une marée haute pour ne pas que ça ferme. A l'autre bout de la baie (côté Nord) se trouve une droite qui tient plutôt bien la taille, et qui est forte appréciée des bodyboarders. Le plus souvent ça manque d'épaule et ne connecte pas comme on le souhaiterait, mais avec un swell de 2m bien orienté Nord ça peut être au top. Egalement un pic gauche droite facile au centre de la baie à marée haute. On y accède par les petites routes de Guéthary et d'Acotz, mais les 2 parkings peuvent vite être saturés. Généralement pas mal de monde à l'eau. Fond rocheux peu accueillant, donc peu adéquat pour les débutants. La station de retraitement des eaux juste au dessus du spot peut polluer le spot par grosses pluies, en été et à l'automne.

This rocky bay can tempt surfers to a defined left and a few rocky peaks but needs a peaky swell and high tide to not close-out. There's also a rad right at bigger sizes that the bodyboarders love. Can be annoying with soft shoulders and not connecting up, but check on headhigh with more N in the swell. Also a fun left/right peak in the middle of the bay at higher tides. Winding tight roads and lack of parking from both Guethary and Acotz doesn't make it crowd free. Because of the rocks scattered over the shelf, it's not for beginners. Waste water treatment plant could mean problems during heavy rain, peak season and late summer.

AVALANCHE

CENITZ

BRUNO MORAND

5 MAYARCO

Assez similaire à Cenitz, si ce n'est que la baie est moins fermée et que les vagues ferment ou sont des reformes la plupart du temps. C'est un peu mieux là où le reef est ensablé, et il vaut mieux éviter les extrêmes de marées. Entre les hordes de touristes qui convoitent les nombreux campings des alentours et les locaux de St Jean qui viennent chercher un spot plus exposé à la houle, autant dire que c'est blindé en été.

Very similar to Cenitz, but without the defined shape and it is often just a mess of close-outs and reforms. Sandbars forming over the rock shelf may help as will avoiding the extremes of tide. Gets crowded in summer with all the holidaymakers from the big campsites on the access ring road, plus the St Jean de Luz locals looking for better swell exposure.

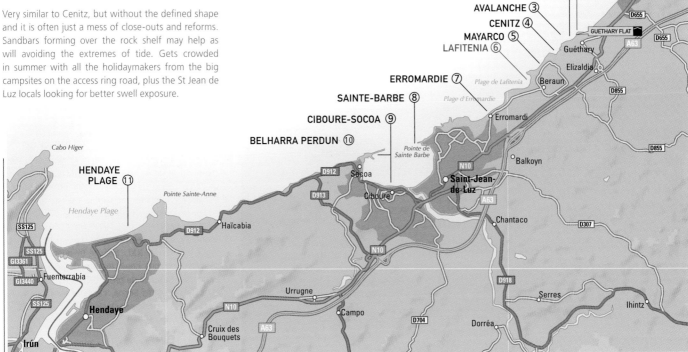

6. LAFITENIA

7. ERROMARDIE

Cette baie est truffée de rochers et zones de reef qui filtrent trop le swell, de fait les bonnes vagues y sont rares. Il y a quelques gauches faciles et assez longues qui cassent au centre, en face du poste de secours. Semble mieux fonctionner sur le remontant. En revanche les droites au Nord-Est cassent dangereusement près des rochers, et seulement par marée haute les meilleurs arrivent à s'y caler des tubes. Spot moyennement consistant, parfois bien fréquenté. Campings dans le coin.

This bay is full of rocks and patches of reef, filtering the swell and rarely producing good waves. Longer, lumbering lefts section across the central break in front of the lifeguard hut, usually looking best at mid on the push. The rights to the NE are dangerously close to the rocks and throw up some challenging drops and tubes for experienced surfers at high tide only. Medium consistency and sometimes crowded. Plenty of campsites nearby.

8. SAINTE-BARBE

Cette longue droite déroule depuis la jetée nord de la baie. Le take-off y est radical. Ensuite on enchaîne sur des faces plus ou moins creuses tout au long du reef, soit une bonne distance jusqu'à l'inside. La marée affecte beaucoup ce spot, au point de faire apparaître quelques gauches furtives. Nettement plus à l'inside, la vague des 'Flots Bleus' casse dans la baie et fait le bonheur des gamins. La plage huppée de St Jean de Luz reçoit rarement des vagues intéressantes. Une houle plus Nord rentrera mieux dans la baie, et un vent de NE à S ne pose pas de problème. Meilleur sur le descendant. La rame jusqu'à la jetée est longue, et le courant pas rarement favorable pour réduire l'effort. Lors de grosses pluie, l'eau est parfois de qualité douteuse, et c'est souvent à ces moments qu'on à des houles suffissamment solides pour enflammer l'endroit. Lorsque ça sature ailleurs sur la côte, c'est un spot de repli bien connu. On retrouve alors les experts à la jetée, les surfers intermédiaires à l'inside et les débutants aux Flots Bleus.

A long right with a radical, sucky take-off wraps around the jetty on the north side of the bay. It then runs off through a series of wall to shoulder sections as it refracts around the reef for quite a distance to Inside Sainte-Barbe. Here the tide affects the ride heavily and some fat bouncy lefts start to appear before fading out. Much closer to shore is Les Flots Bleus, a mini wave well-suited to kids and beginners. It's very rare for the fashionable beach of St Jean de Luz to be worth riding. More N in the swell penetrates better, any NE to S wind will do and a dropping tide keeps it interesting. The paddle-out is long to the jetty and there can be currents that slow progress. Water quality may be suspect after rains, which may coincide with the stormy swells needed to properly light-up this break. So when the other reefs are maxing, everyone ends up here, with experts at the jetty, intermediates at Insides and beginners at Les Flots Bleus.

9. CIBOURE-SOCOA

Quand ça rentre très gros, plusieurs spots marchent du port à la digue de Socoa en passant par la Bougie et la plage municipale. Le pic facile tout proche du Fort de Socoa est offshore par vent d'Ouest, tout comme le beachbreak rarement animé de la Bougie. Très occasionnellement, on peut surfer à Ciboure un reef difficile d'accès juste à l'embouchure de la Nivelle, appelé Le Port. Ca casse très près du bord, et la qualité de l'eau est vraiment douteuse. Peu importe la force du vent et guère de limite de swell ici, dans la mesure où 5 mètres relevés à la bouée au large peuvent selon la direction des vagues se traduire par 50 cm de vagues au fond de la baie. Vu que ça rentre au compte-goutte et qu'il y a des locaux, pas facile de rentabiliser le parking payant.

When it gets huge, several spots work inside the bay from the harbour mouth back round to the town beach. A soft peak breaks in the shadow of the Socoa Fort and is offshore in a westerly, as is the rare bodyboarding shoredump at La Bougie. In Ciboure, near the entrance of the river Nivelle is a hard to access, localised reef called Le Port that may work a handful of times a year. Breaks close to the rocks and water quality is dubious. Always a few waves, regardless of how strong the wind or swell gets, but remember a 5m swell may only reach 50cms on the west side, depending on swell direction. Further downsides include low consistency, always crowded, some localism and roadside meters.

10. BELHARRA PERDUN

Ce haut-fond (15m de profondeur à 2,5km de la côte) créant un pic droite gauche sur les 2-3 plus gros swells de l'hiver n'était qu'un objet de fantasme avant que les jet-skis viennent changer la donne. Une petite équipe est rentrée dans l'histoire le 22 Novembre 2002 avant de remettre ça le 10 Mars 2003, avec une vague de Seb St. Jean estimée à 66 pieds (20m) en finale du trophée XXL. Marche uniquement lorsque se combinent une houle massive de période élevée, et une marée basse de gros coef. A regarder du haut de la falaise après Socoa, car pour le commun des mortels cela reste un spectacle.

A 15m deep, seagrass covered shoal 2.5km offshore creates an A-frame peak on the two or three largest

SOCOA

swells of the winter for the European tow-in crew. A small team made history on November 22nd, 2002 before a second session on March 10th, 2003 when Sebastian St Jean towed into a wave estimated at 66ft (20m) winning the XXL contest final. Only breaks on low tide unless it is psycho huge. Can be watched from the coast road cliffs between Socoa and Hendaye, because riding this place is definitely a spectator sport.

11. HENDAYE PLAGE

L'ultime solution quand tout sature. Longue plage qui offre le choix pour trouver un pic correct selon les marées, plutôt vers l'ancien casino ou la jetée au Sud. Idéal pour débutants ce qui explique le nombre incroyable d'écoles. Vagues le plus souvent moyennes sauf occasionnellement vers les rochers des 'Deux Jumeaux' au Nord de la baie: une droite solide mais qui demande patience. Un peu plus à l'Est des Deux Jumeaux et surtout plus au large se trouve Vanthrax, un slab qui délivre parfois des gauches tubulaires mais craignos, à réserver aux surfers pros et aux bodyboarders couillus. Parking payant et cher tout le long de la promenade, beaucoup de monde à l'eau comme sur la plage, et plein d'espagnols en manque de beachbreak. Juste de l'autre côté de la Bidassoa, il y a un bon skatepark à Irun.

HENDAYE

This is the answer when everything else is closing-out. A long stretch of average beachbreaks offers a wide choice of peaks; usually better close to the casino or the south jetty. The place is perfect for beginners, which explains the amazing number of surf schools. The two rocks of Les Deux Jumeaux to the northeast occasionally hold a solid right that requires patience.

Further out off the eastern headland is Vanthrax, an imaginatively named death peak that spews out massive left barrels a handful of times a year. Crazy bodyboarders and pros only. Expensive pay parking, crowds, vocal locals and general hustle and bustle here on the border with Spain. Good skatepark just over the river in Irun.

PARLEMENTIA

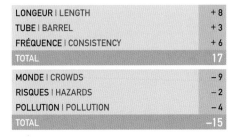

LONGEUR	LENGTH	+ 8
TUBE	BARREL	+ 3
FRÉQUENCE	CONSISTENCY	+ 6
TOTAL		**17**

MONDE	CROWDS	− 9
RISQUES	HAZARDS	− 2
POLLUTION	POLLUTION	− 4
TOTAL		**−15**

La terrasse de Guéthary offre un point de vue idéal sur cette bonne droite puissante et ronde qui tient jusqu'à 4-5 mètres sur une belle houle de Nord-Ouest. Le reef le plus à l'outside est plutôt profond et brasse beaucoup d'eau, mais il nécessite d'avoir une grande planche pour arriver à partir d'aussi loin. La gauche est bonne à surfer également, même si l'on risque de bouffer la série au retour. Elle déroule le long du reef, parfois bien creuse, en sectionnant ou fermant plus ou moins. Avec une houle de taille intermédiaire, il y a d'excellentes droites sur le reef moins profond à l'inside, plus adaptées aux planches courtes. Mais attention quand une grosse série rentre, au risque de se faire ramener au point de départ et se payer une longue rame pour rejoindre puis remonter le chenal. Parlementia offre une bonne variété de vagues pour tous les niveaux, le spot est vaste et laisse une chance à tous. Ramez vers le pic depuis le port pour s'affranchir du slalom entre les rochers à marée basse. C'est souvent beaucoup plus gros qu'il n'y paraît depuis le bord. Beaucoup de surfers, et des locaux en longboards et guns (pour avoir un peu d'avance sur le take-off) qui dominent le pic grâce à leur connaissance du spot. Egalement des kids en shortboards, des écoles de surf, et des vétérans. Les bons jours, les parkings se remplissent vite, que ce soit dans la descente chemin Barogenia, à la terrasse ou à la chapelle. Le port et le village de Guéthary valent le détour. Douches, toilettes, cafés et restaurants face au spot.

The Guéthary terrace gives the best view of this Sunset-like right with a shifting peak and short shoulder that holds up to 6m faces on a clean, NW swell. The outside bombora style reef is quite deep, so the peak draws up a lot of water and only invites those on large, long, voluminous boards to get in early. There is also an attractive left off the peak, which rumbles back across the inner reef, sometimes walling up steeply or else sectioning and closing out. On small to moderate days, faster rights break over this shallower reef shelf that entice the shortboarders, but eventually the sets off the west peak will punish with a circuit via the inside then the channel. Can be some fun, steeper, inside runners for the less gun happy and the wide playing field does give everybody a chance. Paddle out from the harbour to avoid the rock slalom at lower tides. Always deceptively bigger than it appears and it's always crowded with the longboard and pintail gun locals, who dominate the peak by knowing it backwards, plus a whole flotilla of others from groms and surf schools to granddads. Parking fills up quickly down Chemin Barognenia and the small car parks at the top or in town. Toilets, showers and a nice cafe in front of the break.

MASUREL/AQUASHOT

MASUREL/AQUASHOT

Vue du bord, les droites de Parlementia ont l'air ludiques, mais une fois au fond on regrette rarement d'avoir sorti le gun. Ramer depuis le port est un peu plus long, mais évite de batailler avec les rochers de bord qui font face au pic.

From a distance it can look deceptively playful, but the Guethary rights of Parlementia still pack some punch for the gun-club. It's longer, but way easier to paddle from the harbour slipway, avoiding the shoreline rocks in front of the peak.

Un déferlement prévisible et une passe parfaite pour remonter au pic : deux des raisons qui font que Lafit' a tant de prétendants.

A predictable peel pace and deep paddling channel in the centre of the bay are just two good reasons why Lafit' has many admirers.

LAFITENIA

LONGEUR	LENGTH	+ 6	FOULES	CROWDS	− 9
TUBE	BARREL	+ 6	RISQUES	HAZARDS	− 2
FRÉQUENCE	CONSISTENCY	+ 4	POLLUTION	POLLUTION	− 2
TOTAL		16	TOTAL		−13

Beau pointbreak de droite qui peut être longue quand la section du milieu de la baie connecte avec le premier pic au niveau des remous. Marche d'escalier au take-off, puis un long mur qui peut bien recreuser à l'inside. Après l'excitation de la 1ère section bien creuse, se présente un mur plus imposant permettant d'enchaîner plusieurs cutbacks de suite, avant de se lancer plein gaz vers la section rapide à l'inside où le shorebreak ferme. Surfers de tous niveaux sur tous types de planche, pour une vague très intéressante tout en restant accessible. Il y a aussi une gauche improbable à l'autre bout de la baie, que Slater a chargé en tow-in il y a quelques saisons de cela. Si

c'est petit, la marée haute anesthésie le spot. La falaise et la pointe rocheuse abritent plutôt bien du vent, même de NE. Plus la houle est orientée Ouest, plus les lignes de vagues rentreront au centre de la baie. Camping aux premières loges surplombant le spot. Suivre Acotz pour trouver le parking et la baie de Lafitenia. Les bureaux de Quiksilver Europe sont pile en face, ne vous étonnez pas de voir du monde au pic à toute heure et des kids affamés de vagues.

A beautiful righthand pointbreak, complete with steps in the steep take-off, that leads into a long wall and occasionally hollow inside section. After the excitement of the first steep section, the wall fattens up and allows repetitive cutbacks into the hook before the final race to the shorebreak close-out. Frequented by multi ability surfers on various craft, it's a fairly friendly wave, unlike the psycho outside left that Slater has towed in seasons past. High tide will kill it when smaller, unlike any E wind, since the headland provides protection even from NE. More W in the swell should get the wall lining up across the bay. Campground on the hill above the wave. Follow Acotz and park just above Lafitenia Bay. Quiksilver European headquarters are just in front, so no wonder it's crowded any time of the day.

PROTEST®
TO GET THERE

[RIDER: **TIM BOAL**]

WWW.PROTEST.EU

MÉDITERR

+ REEFS DE QUALITÉ
+ PUISSANCE SURPRENANTE
+ PAS OU PEU DE MARÉE
+ AUTOMNE ET HIVER
+ EAU PLUTÔT CHAUDE

- SOUVENT ONSHORE
- POLLUTION ET MONDE À L'EAU
- LONGUES PÉRIODES DE FLAT
- TRAFIC EN ÉTÉ
- PRIX ÉLEVÉS

Le surf s'est beaucoup développé en Méditerranée et les côtes françaises ont leur part de vagues. Le Mistral y souffle fréquemment et, pourvu qu'il soit assez fort et qu'il ait assez de fetch, crée souvent des houles courtes de vent d'une taille surprenante. Les zones situées à L'Est sont donc mieux exposées car le Mistral souffle du Nord, canalisé par les montagnes, pour ensuite virer l'Ouest à Nord-Ouest vers l'Italie. La Tramontane est une variante Nord-Ouest à Nord du même phénomène, appelée Ponente quand ça souffle plus Ouest en Corse. D'autres types de vent sont générateurs de houle, comme le Grecale (NE), le Levant (E-SE), le Sirocco (SE-S) et le Libeccio (SO). La houle diminue dès que le vent tombe, et un vent offshore l'aplatit très rapidement. Surfer en Méditerranée demande beaucoup de disponibilité, car les vagues disparaissent aussi vite qu'elles sont venues.

MARC MICELI

MASUREL/AQUASHOT

CORSE

ANÉE

+ NICELY SHAPED REEFS	– MOSTLY ONSHORE WINDS
+ SURPRISING POWER	– POLLUTION AND CROWDS
+ NO MAJOR TIDES	– LONG FLAT SPELLS
+ AUTUMN AND WINTER WAVES	– SUMMER TRAFFIC
+ WARM MED WATER	– EXPENSIVE MED PRICES

Surfing in the Mediterranean has grown significantly and the French coast is no exception. Windswell, often built by the reliable Mistral breezes, can produce short period waves of surprising size, providing the wind has sufficient strength and fetch. This means eastern regions have a better chance of picking up swell as the Mistral funnels down the mountain ranges from the north, then turns towards Italy and blows W/NW. Tramontane is a NW-N variation of the same phenomenon, while it's called Ponente when it blows from a straighter W direction in Corsica. Other sources of swell include the Grecale (NE), Levant (E-SE), Sirocco (SE-S) and Libeccio (SW). As soon as the wind drops, so does the swell and an offshore will flatten it very quickly. The Med requires a constant vigil and the ability to drop everything and surf when the waves do appear, because they probably won't be there tomorrow.

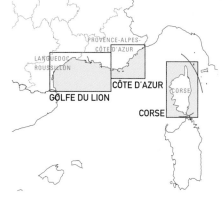

L'ARQUET

Les tourbillons du mistral viennent accentuer l'aspect bleu électrique de ces vagues, pour compléter un tableau typiquement méditerranéen.

The backside of the La Couronne headland holds fast-peeling rights with excellent protection from the strong Mistral winds.

MEDITERRANEAN

La Golfe du Lion comprend la côte de Perpignan à Marseille, où le vent est en général offshore mais ça marche vraiment très rarement, car les houles des dépressions passant entre l'Espagne et la Corse sont peu fréquentes. Les meilleures conditions sont d'habitude quand le Mistral repasse offshore après avoir envoyé de la houle de secteur un peu plus S. On appelle ce changement brusque de direction « la renverse ». A Marseille on commence à bénéficier du régime de vent d'O, et on trouve quelques reefs de qualité qui marchent par vent et houle de SE à O, mais le vent est quand même en général onshore. Ça marche seulement l'hiver, et encore ça peut rester flat pendant des semaines entières.

Le vent d'E ou de S peut produire quelques vagues pour la Côte d'Azur, mais les meilleures houles proviennent des dépressions de l'Atlantique qui continuent leur trajectoire sur la Méditerranée. Ici encore, la renverse est le meilleur moment pour avoir des conditions propres. Il y a des reefs à fleur d'eau dans des baies protégées qui se mettent à envoyer quelques jours dans l'année, avec une qualité surprenante pour une côte plutôt associée aux yachts de luxe qu'au surf. La Corse a la meilleure situation pour prendre tous les types de houle. Sa côte O recèle des beachbreaks, et derrière les pointes, des pointbreaks de droite puissants, qui marchent par Mistral de NO. L'hiver est sans aucun doute la meilleure période, mais il ne faut pas sous-estimer le printemps et l'automne pour la Corse.

LE PRADO, MARSEILLE

MARC MICELI

MARC MICELI

TAMARIS

Blindé un jour, vide le suivant. Les
surfers de Med doivent toujours garder
un oeil sur le swell qui apparaît aussi
soudainement qu'il disparaît ensuite.

Crowded one day, empty the next –
Med surfers need to keep a constant eye
on the swell as it can appear suddenly,
then disappear just as quickly.

SURF STATS - La Corniche		J F	M A	M J	J A	S O	N D
HOULE	Dominante | Dominant swell						
	Hauteur (m) | Size	0.6	0.4	0.3	0.2	0.4	0.6
	Fréquence (%) | Consistency	50	30	20	10	40	50
VENT	Dominante | Dominant wind						
	Force moyenne | Average force	F4-F5	F4-F5	F3-F4	F3-F4	F3-F4	F4
	Fréquence (%) | Consistency	45	43	47	46	41	48
TEMP.	Combinaison | Wetsuit						
	Temp. de l'eau (°C) | Water temp.	14 13	13 16	18 19	21 23	22 19	18 16

The Golfe of Lion includes the extremely inconsistent coast from Perpignan
to Marseille where the wind is usually offshore and swells from lows
passing between Spain and Corsica are rare. The best conditions usually
happen just when the wind shifts back to the offshore Mistral after sending
swell from a more southern direction. This sudden change of wind is known
as 'la renverse'. Marseille starts to benefit from the westerly airflow and has
a few quality reefs that work in SE to W winds and swells, however onshore
conditions are the norm. Winter only and even then, it can be flat for weeks.

E or S winds can kick up some waves for the Côte d'Azur – but the best
swells are courtesy of Atlantic lows that track into the Med. Once again 'la
renverse' gives the perfect scenario for clean waves. There are some sharp
reefs in protected bays that fire on a handful of days a year, with surprising
quality for a coast more associated with expensive boats than surfing.
Corsica has the best orientation to pick up whatever swell is around and the
west coast hides some powerful beachbreaks and right points tucked into
headlands that work on NW Mistral conditions. Without doubt, winter is the
time to go, but don't discount Corsica in spring and autumn.

SURF STATS - Capo di Feno		J F	M A	M J	J A	S O	N D
HOULE	Dominante | Dominant swell						
	Hauteur (m) | Size	0.9	0.8	0.6	0.3	0.8	0.9
	Fréquence (%) | Consistency	60	60	30	20	50	70
VENT	Dominante | Dominant wind						
	Force moyenne | Average force	F5	F4	F4	F3	F3-F4	F4
	Fréquence (%) | Consistency	59	61	59	51	54	56
TEMP.	Combinaison | Wetsuit						
	Temp. de l'eau (°C) | Water temp.	15 13	13 16	18 21	24 25	25 22	20 18

POPULATION
Languedoc-Roussillon
2 565 000
Provence-Alpes-Côte-d'Azur
4 951 388
La Corse – 302 000

LITTORAL | COASTLINE
French Riviera – 620km (385mi)
La Corse – 1000km (620 mi)

COMPETITIONS
Local

S'Y RENDRE | GETTING THERE

Montpellier, Marseille, Toulon, Nice, Cannes et Ajaccio sont les principaux aéroports de la région, on y trouve des vols internationaux, des charters venant d'Europe et des vols intérieurs. La Riviera française est tellement recherchée par les touristes que le choix est immense en ce qui concerne la compagnie ou l'aéroport de destination. Le choix est grand parmi les 15 liaisons en ferry entre la France, l'Italie et la Corse, qui sont effectuées par 8 compagnies différentes. La SNCM fait le plus de traversées vers Ajaccio depuis Marseille, Toulon et Nice, auxquelles il faut ajouter un service express et des liaisons vers la Sardaigne. Checkez sur internet pour la disponibilité des places et les prix pour les voitures. On aura de meilleurs tarifs en réservant assez à l'avance, en milieu de semaine ou avec des départs le matin ou dans la nuit. Le TGV dessert toutes les villes principales sur la côte méditerranéenne, mais s'éloigne dans l'intérieur du pays entre celles-ci. Les TER desservent les autres villes

Montpellier, Marseille, Toulon, Nice, Cannes and Ajaccio are the major hubs with a mixture of international, European charter and internal flights. So many people holiday on the French Riviera that the choice of airline and airport is huge. With as many as 15 different routes to Corsica from France, Italy and Sardinia, serviced by up to 8 different operators, there is plenty of choice with the ferries. SNCM have the most routes to Ajaccio from Marseille, Toulon and Nice, plus an express service and links to Sardinia. Check the websites for availability and vehicle charges. Booking early, midweek and morning or night departures will help keep costs down. TGV services hit Marseille, Perpignan, Montpelier, Toulon and Nice. Cannes and Monaco are connected by one of the many other train services.

SUR PLACE | GETTING AROUND

Les autoroutes à péages suivent la côte de Marseille à Toulon et de Cannes à Nice, les nationales étant de bonne qualité entre celles-ci. L'accès à certains spots autour de Marseille ou Toulon est parfois galère s'il faut emprunter les péages, heureusement la meilleure saison reste l'hiver, quand c'est plus calme. En ville le parking est payant toute l'année, et certains spots sont durs à trouver. Les bodyboarders pourront emprunter les bus de ville.

Motorway peages shadow the coast from Marseille to Toulon and from Cannes to Nice with decent Route Nationale roads in between. It can be pretty daunting driving on and off the peages looking for surf around the busy cities of Marseille and Toulon, but fortunately the best surf time is low season winter. Parking is metered year-round in the cities and some breaks are hard to find. City buses are an option for bodyboarders.

LOGEMENT ET GASTRONOMIE | LODGING AND FOOD

La côte méditerranéenne offre un vaste choix de logements, du palace 5 étoiles aux pensions basiques, et avec des prix fluctuants selon les saisons. Vu que les vagues sont aussi peu fréquentes que prévisibles, il n'existe aucune structure destinée aux surfers, qui bien souvent se contentent de traverser la région en van, en route vers une autre destination. Comme la côte est très construite à certains endroits, il est difficile de trouver un emplacement pour camper avec son van près de la côte, la seule solution étant alors les campings, qui sont souvent chers. Essayez de trouver des aires de camping-car en ville, moins chères, ou utilisez les aires d'autoroutes. On trouve de bons restos un peu partout. Un repas complet vous coutera rarement moins de 30€ (sans le vin), et dans les lieux très touristiques les tarifs sont ceux de Paris.

The Med is awash with every type of tourist accommodation possible, from 5 star hotels to basic pensions, with wildly varying prices depending on season. Because the waves are so unreliable, there are no purpose-built surf camps and most travellers will find themselves transiting the area in a van, en route to somewhere else. Because the coast is so built up in places, finding safe freecamp parking spots for a van near the coast is more difficult, so using the relatively expensive campgrounds is the only option. Look for the cheaper aire de camping car set-ups in towns or use the motorway aires. Fine and fancy dining is possible all along the coast. Expect to pay Paris prices at tourist hotspots and drop €30 per head plus wine for a 3 course meal.

CLIMAT	WEATHER – Ajaccio	J/F	M/A	M/J	J/A	S/O	N/D
Précipitations (mm)	Total rainfall	71	51	35	13	69	98
Fréquence (j/m)	Consistency (d/m)	11	9	6	1	8	12
Température min. (°C)	Min temp.	3	6	12	16	13	5
Température max. (°C)	Max temp.	13	17	23	28	24	16

CLIMAT | WEATHER

Le terme «climat méditerranéen» est utilisé à travers le monde pour décrire le climat qui concerne la plupart des pays bordant cette mer, mais aussi celui d'autres pays autour des latitudes 40° dans les 2 hémisphères. Ce climat ce caractérise par des étés secs, chauds voire très chauds, et des hivers doux mais humides, et les extrêmes sont rares. Il y a des différences notoires de températures d'eau et d'air suivant la longitude : le Golfe du Lion est plus influencé par la proximité des montagnes, le fort Mistral et les dépressions sur l'Atlantique que la côte Sud-Est et la Corse. Une gelée en janvier ou d'importants incendies favorisés par la sécheresse sont des possibilités. La pluie se fait rare en été, mais l'automne et l'hiver connaissent des précipitations plus fortes avec de potentiels orages violents.

The term "Mediterranean climate" is used all over the world to describe the weather experienced by most of the regions bordering this sea, along with some other countries on 40° latitude in both hemispheres. Warm to hot, dry summers and mild to cool, wet winters are the conditions that lead to the terminology, with a general understanding that extreme weather is unlikely. There is a slight variation in temperature from east to west in both water and air temperatures, with the western Gulf of Lion being affected downwards by the mountains, Mistral and Atlantic systems more than the east-facing coast and Corsica. Frosts in Jan or fires in July are always a possibility as averages hide the odd weather anomaly, however rainfall is usually predictably low in summer, before ramping up in late autumn and early winter.

SORMIOU, MARSEILLE

MARC MICELI

CANNES

NATURE ET CULTURE | NATURE AND CULTURE

La Camargue est une vaste étendue de littoral protégé, principalement composée de zones humides et qui abrite une importante population d'oiseaux migrateurs (flamants roses, aigrettes, hérons, etc). La végétation, constamment balayée par le vent, est adaptée à l'environnement marin. Les paysages, splendides, se composent de joncs, salicornes, gazon d'Espagne ou encore oyats. L'île de Port-Cros (à l'Est de Toulon) constitue un Parc National, où la vie sous-marine est tout simplement hallucinante. La Côte d'Azur est de plus en plus construite là où elle est accessible, mais il reste encore de beaux panoramas depuis les routes sinueuses des corniches. La Corse a un terrain plus accidenté et demeure de fait moins développée, aussi elle a su faire face aux aberrations qui accompagnent trop souvent le développement touristique. Le littoral Corse (1000 km) est parsemé de pas moins de 200 superbes plages de sable. Le Parc Naturel Régional de Corse permet des randonnées incroyables, on trouve même des zones alpines culminant à 2700m (il neige en hiver). Tous les sports nautiques imaginables sont possibles en été, sans oublier les randonnées côtières, la spéléologie, le canyoning, ou encore le vélo. Il reste des zones sous-développées, très sauvages.

The west hosts one vast swathe of protected coastline called the Camargue where the wetlands support a huge migratory bird population including pink flamingos, egrets and herons. The plant life is adapted to the windswept marine environment and rushes, glasswort, sea thrift and marram grass can be found amongst the lagoons and low-lying beaches. Port-Cros National Park is another oasis of nature established on the island of Port-Cros, east of Toulon. The coast becomes increasingly built up where there is easy access, although beautiful vistas leap out from the twists and turns of the coastal corniche road. Over on Corsica, the rampant coastal development is thankfully minimal, due to the most rugged, mountainous terrain in the Med, bordering the sea for 1000kms (620mi) and studded by over 200 ivory sand beaches. There's the Parc Naturel Régional de Corse for stunning hikes through broadleaf mixed forest up to the snow-capped alpine zone from 1800-2700m. In summer, right across the Med region, every conceivable water sport is on offer in the sparkling deep blue waters plus endless coastal hiking, caving, canyoning, cycling and exploring the wild parts that have remained undeveloped.

DANGERS | HAZARDS AND HASSLES

La foule estivale pourrait constituer un danger à elle seule, mais c'est en hiver que l'on trouve des vagues, donc pas de problème de ce côté là. Les zones de stationnement payant sont nombreuses en ville et dans les centres, emmenez une tirelire pour nourrir les parcmètres. Les méduses sont courantes en med, mais rarement problématiques quand il y a du swell. Certains reefs sont vraiment tendus, n'arrivez donc pas trop en confiance, surtout si vous pensez que le surf ici est fait de vagues molles. Les créneaux valables sont furtifs, de fait il y a souvent du monde à l'eau et les locaux ont la part belle. Toutefois les courtes périodes de houle sont la garantie de vagues fréquentes quand ça fonctionne.

It is incredibly exclusive along much of the Cote d'Azur, but surfers will be seeking waves out of season and should have the waters to themselves. Parking is tight in the cities and you will need a bag of change to feed the meters, even in winter. Jellyfish are legion in the Med, but usually disperse before the swell picks up. Some of the reefs are undeniably sharp and shallow, demanding respect from blasé ocean surfers. As crowds rise at the banner spots and inconsistency is guaranteed, locals will understandably dominate the line-ups, but short period means more waves for all when it gets big enough.

CONSEILS | HANDY HINTS

Suivez attentivement les prévisions météos, et soyez prêt à abandonner toute activité en cours si les vagues rappliquent. Avec un longboard, vous doublez vos chances de glisser. L'eau peut être glaciale, notamment avec le Mistral qui amène de l'air froid et souffle fort pendant longtemps. Si vous dormez dans un van, soyez vigilant car vous constituez une bonne cible pour des voleurs.

Watch the weather forecasts carefully and be ready to drop everything to surf when the waves finally show up. A longboard will double the amount of rideable sessions and remember the water can be surprisingly cold, especially in the strong Mistral conditions bringing air from the snow-capped mountains. Be vigilant when free-camping the motorway aires near cities as thieves target vans while you sleep.

GOLFE DU LION

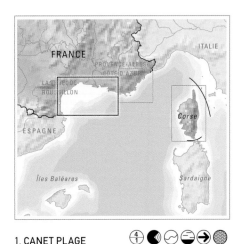

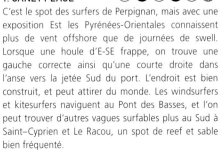

PALAVAS-LES-FLOTS

1. CANET PLAGE

C'est le spot des surfers de Perpignan, mais avec une exposition Est les Pyrénées-Orientales connaissent plus de swell que de journées de swell. Lorsque une houle d'E-SE frappe, on trouve une gauche correcte ainsi qu'une courte droite dans l'anse vers la jetée Sud du port. L'endroit est bien construit, et peut attirer du monde. Les windsurfers et kitesurfers naviguent au Pont des Basses, et l'on peut trouver d'autres vagues surfables plus au Sud à Saint–Cyprien et Le Racou, un spot de reef et sable bien fréquenté.

Probably the best spot around Perpignan, but in the east-facing Pyrénées Orientales, offshore winds are much more common than swell. When a E-SE swell hits, there is a half-decent left and short right tucked into the lee of the southern harbour jetty, attracting long and shortboarders to this built up beach. Wind and kitesurfers frequent the Pont des Basses and lesser spots can be found down the coast at Saint-Cyprien and Le Racou, a beach/reef set up that gets crowded.

2. GRUISSAN

Vu que la Tramontane souffle offshore dans l'Aude, il y a un créneau de petit surf propre quand une dep creuse entre la Corse et les Baléares. Le long beachbreak situé devant les centaines de chalets en bois, au Sud de l'entrée du port, peut tenir un peu de taille. Les locaux parlent de 60 jours de surf par an, principalement en hiver. On trouve d'autres vagues à la jetée de Narbonne, au Nord.

Considering the Tramontane blows offshore in Aude, small clean surf is a possibility with low-pressure systems hovering between Spain and Corsica. Can hold a bit of size in front of the wooden toy-town holiday homes, right of the harbour entrance. Locals claim 60 surf days per year, mainly in winter. There are more waves near the jetty in Narbonne to the north.

3. SÈTE

Une longue plage s'étend de Sète à Marseillan, mais les vagues sont souvent brouillon et victimes du vent. Les digues et jetées peuvent retenir un peu plus de sable, et abriter un peu du vent. Un peu de rocher et quelques reefs vers la Corniche. La Chapelle est une gauche de reef qui peut être étonnamment creuse sur certaines sections. Meilleur tôt le matin lorsque la renverse vient atténuer le caplot du vent d'Est, malheureusement les bons jours sont plus que rares. Poussez à la jetée d'Agde ou Frontignan pour plus d'options.

A long ribbon of beach stretching between Sète and Marseillan is usually blown out and mushy, but the jetties may hold some sand and a bit of wind protection. There are a couple of reefs towards La Corniche, where La Chapelle offers a left over rock shelf that can be surprisingly hollow and multi-sectioned. Best early mornings when the renverse smooths out the E wind chop but don't expect it to work more than a handful of days a year. Check out the wedge by the Agde jetty or Frontignan for more options.

4. PALAVAS-LES-FLOTS

Des droites consistantes à la Mairie, puis une bonne série de spots en partant vers l'Ouest. D'abord Les Coquilles, plage populaire collée au port de plaisance où la digue facilite l'accès au pic, puis de chaque coté du canal du Prévost: des gauches rive droite, des droites rive gauche, vous suivez? Sinon poussez jusqu'à Maguelone, son shorebreak creux et ses nombreux campings. Il y a souvent du monde, et il faut 2 jours consécutifs de vent offshore pour que le spot fonctionne bien.

Consistent rights at La Mairie, then a good set of spots heading west from the harbour. First is the popular Coquilles where a big jetty eases access to the line-up, then both sides of the Prévost canal: rights on the left side, lefts on the right side. Otherwise Maguelone has some hollow shorebreak and easy camping. Often crowded and needs 2 days of onshores to start working.

5. CARNON

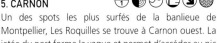

Un des spots les plus surfés de la banlieue de Montpellier, Les Roquilles se trouve à Carnon ouest. La jetée du port forme la vague et permet d'accéder au pic sans ramer. Même chose à la jetée du port de la Grande Motte, où des pics changeants peuvent réserver de bonnes surprises. Ca ne marche pas souvent, du coup les locaux peuvent être un peu tendus.

One of the most surfed spots in the Montpellier area, Les Roquilles is located on the west side of Carnon. Needs E in the swell and is a bit wind sensitive. The port jetty is key to shape the wave and jump directly into the line-up. Same thing at the Grande Motte harbour jetty where the shifting peak can be high quality. Locals are pretty harsh thanks to the inconsistency of the area.

6. SAINTES-MARIES

En pleine Camargue, cette longue étendue de sable chope tous les swells (ou presque) mais manque cruellement de puissance. A droite du port devant les arènes, ça surfe de temps à autre ou au petit Rhône à Beauduc si ça rentre vraiment. Une zone particulièrement ventée qui attire les afficionados de kite, wind, buggy, etc.

In the very heart of Camargue, this long stretch of beach receives most swells but lacks power. To the right side of the harbour, facing the bull arena or at Petit Rhône rivermouth (on an unusually big swell), there is occasional surf. Windy area that attracts the sail/kite crew.

7. LA COURONNE

8. LA CORNICHE

La plage du centre de Sausset-les-Pins reste l'épicentre du surf sur la Côte Bleue. C'est multipic du coté de l'Hermitage à moins de se frotter à la délicate gauche de la dalle. Près du port, la consistante droite du menhir peut être relativement longue. A la sortie ouest de la ville les deux reefs des Tamaris proposent chacun gauche et droite. 80 jours de surf par an pour les plus optimistes. Du monde à l'eau, avec des surfers de tous niveaux. Commerces, surf shops et écoles de surf sur place.

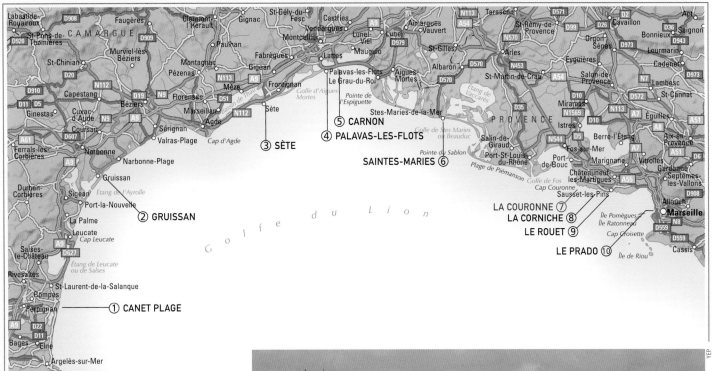

The main beach of Sausset-les-Pins remains Côte Bleue's surf hub. Peaks shift towards l'Hermitage except for the treacherous, rocky left of La Dalle. Next to the port, Menhir is a consistent righthander. Check the two reefs of Les Tamaris west of the city. 80 days of surf per year put it into the high consistency bracket, just. Often crowded with mixed abilities. All facilities including surf shops, schools, etc.

9. LE ROUET

Un spot de repli efficace car bien calé entre 2 falaises, il reste surfable les jours de grand vent si la houle de Sud est suffisante. Big Rock à Carry-le-Rouet est un bowl très court en gauche manquant cruellement de fond. Blindé quand ça fonctionne, c'est à dire rarement. Commerces et grand parking.

Well-sheltered between two cliffs and surfable on very windy days, provided the S swell is strong enough. Big Rock in Carry is a good left, but remains dangerously shallow. Low consistency and crowds. Large beach car park and ample facilities.

LE MÉNHIR

10. LE PRADO

La plage fun de Marseille qu'on appelle aussi Epluchure Beach compte son lot de windsurfers, de bodyboarders et de détritus... et parfois des vagues entre les digues et épis par NO mais rien d'extraordinaire. Direction la Verrerie pour un surf plus technique sur le rocher. Toujours du monde à l'eau quand ça marche, et une eau polluée lors de pluies fortes ou orages. Un peu moins de monde et plus de place vers l'Escale Borely, le spot le plus adapté en longboard ou pour débuter.

This hip Marseille beach has tons of wave-sailors, bodyboarders, trash and occasional waves between seawalls and groynes. For a more technical wave, head to the rocks of La Verrerie. Absolutely always crowded along with some big city stormwater pollution. Less people at the adjacent Escale Borely, where beginners and longboarders can find some room.

LE PRADO

GOLFE DU LION

VIEILLE-COURONNE

VIEILLE-COURONNE

Longueur, creux et puissance, ce spot des Bouches-du-Rhône a tout pour plaire… les 20 jours par an où ça marche.

Length of ride, power and hollowness are all apparent at this Bouches-du-Rhone break. If only the consistency was a little higher than 20 odd days a year.

LA COURONNE

LONGEUR | LENGTH	+ 5	FOULES | CROWDS	– 7
TUBE | BARREL	+ 6	RISQUES | HAZARDS	– 4
FRÉQUENCE | CONSISTENCY	+ 3	POLLUTION | POLLUTION	– 2
TOTAL	14	TOTAL	–13

Selon la direction du vent on surfe d'un coté ou de l'autre du Cap Couronne. Au choix la puissante gauche de la Vieille-Couronne par vent de SE ou la superbe mais disputée droite de l'Arquet par vent de NO. La gauche est rapide, parfois tubulaire, avec 2 sections bien distinctes. De plus c'est l'un des rares spots capable de tenir des houles de plus de 2m. Le vent onshore n'est pas problématique, et le Mistral souffle offshore. Par très gros swell et conditions de Sud-Ouest repli à Ponteau. Marche rarement, et quand c'est le cas il y a du niveau à l'eau. Attention au courant et séries dans la petite baie, on a vite fait de se faire tirer vers les rochers.

Both sides of Cap Couronne are surfed depending on the wind direction. Choose between the powerful left of Vieille-Couronne in SE winds and the awesome but disputed hollow rights of l'Arquet in a NW. The lefts can be tubey and fast with 2 distinct sections, plus it is one of the few places that genuinely holds overhead surf. Onshore wind is also not a problem and the Mistral is offshore. If it's very big with SW conditions find shelter in Ponteau. Low consistency, but high crowd factor of skilled surfers. Swirling currents and sets in the small bay can take the unwary close to the rocky cliffs.

CÔTE D'AZUR

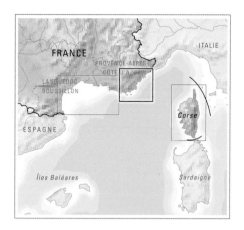

LA CIOTAT

1. CASSIS

Rien de régulier ici mais la gauche de la plage de l'Arène peut bien rentrer. La droite a moins de potentiel. Bien abrité par Mistral, un décor dantesque. Parking difficile.

A fickle wave that can produce a surprisingly hollow left and more mellow right in premium conditions. When the Mistral blows, it's sheltered. Parking can be difficult because it is always crowded at Arène beach.

2. LA CIOTAT

Rare aussi mais si ça souffle ou ça a soufflé d'Est, les vagues valent le déplacement. Matez du coté du Ciotel. Saint jean est un pic avec une longue gauche qui déferle sur un reef irrégulier par vent de NO, tandis qu'Arene Cros à l'autre pointe offre une configuration similaire, si ce n'est que ça marche mieux par vent de NE. Si un vent d'Est ou Sud souffle très fort durant longtemps, on peut espérer des vagues de 2m et plus. Spot ni trop difficile, ni trop fréquenté.

It's very rare but with heaps of E wind there can be good waves. Check towards the Ciotel. St Jean is a peak with longer lefts racing over the uneven platform reef while on the next headland, Arene Cros has a similar set-up, but needs more NE than NW wind. Can handle headhigh plus if the E-S blows hard and long enough. Intermediate spots with reasonable crowds.

3. CAP SAINT-LOUIS

Certainement le meilleur spot à l'est de Marseille, avec une droite qui peut être longue et creuse. Lors des gros jours la sortie se fait par le port des Lecques. Le Cap supporte les plus grosses houles de SO tout en étant abrité du Mistral, et les vagues y sont puissantes quelle que soit la taille. Ca marche assez souvent entre Octobre et Avril. De l'autre côté de la pointe, on peut trouver des petites gauches bien creuses mais plus exposées au vent de NO. Du monde, des oursins et parfois du courant. La grande plage des Lecques est plus indiquée pour le surfer lambda, les longboards et SUP. Spot proche du port des Lecques, parking difficile.

CAP SAINT-LOUIS

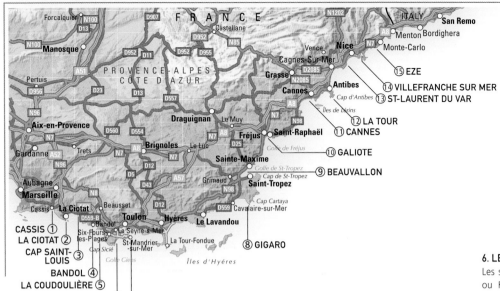

CASSIS ①
LA CIOTAT ②
CAP SAINT-
LOUIS ③
BANDOL ④
LA COUDOULIÈRE ⑤
LES SABLETTES ⑥
PIN ROLLAND ⑦

East Marseille's premier spot holds long, wrapping, hollow righthanders over shallow rocks. Capable of holding the biggest SW swells and hidden from the tearing Mistral winds, the Cap is powerful at all sizes and moderately consistent from Oct - April. There can be some short, sucky lefts on the other side of the headland, exposed to the regular NW wind. Constant, competitive crowds, urchins and occasional rips. The grande plage des Lecques may be a better option for average riders, longboards and SUP. Close to the harbour of Les Lecques; difficult parking.

4. BANDOL
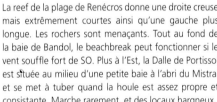

La reef de la plage de Renécros donne une droite creuse mais extrêmement courtes ainsi qu'une gauche plus longue. Les rochers sont menaçants. Tout au fond de la baie de Bandol, le beachbreak peut fonctionner si le vent souffle fort de SO. Plus à l'Est, la Dalle de Portissol est située au milieu d'une petite baie à l'abri du Mistral et se met à tuber quand la houle est assez propre et consistante. Marche rarement, et des locaux hargneux.

The beach of Renécros has a small reef that can provide a hollow but very short right as well as a longer left. Rocks are a real threat. Deep inside the bay of Bandol, the beach can be OK when the wind blows hard onshore S-W. Further east, the shallow ledge of Portissol, within a small bay well sheltered from the Mistral, will occasionally throw a short barrel. Low consistency and some touchy locals.

5. LA COUDOULIÈRE

La péninsule de Six-Fours offre certainement la meilleure palette de swell et de vent de toute la région. Coté Ouest, la droite de la Coudoulière n'est bonne que sans vent avec un swell de Sud-Ouest, ce qui oblige parfois à se rabattre sur Brutal Beach, le spot des wind et kitesurfers qui marche avec un peu de Mistral. Le spot fonctionne assez souvent vu qu'il fait face au Mistral, mais de fait il s'apprécie plus avec une voile au bout des bras.

The Six-Fours peninsula offers the widest swell window and has the best wind exposure around. On the west side the righthander at La Coudoulière fires with the rare combo of a SW swell and zero wind. In onshores, share the Brutal Beach line-up with the kite/windsurfers. Quite consistent since it faces the Mistral but is often too messy to contemplate without a sail.

6. LES SABLETTES

Les surfers de Six-Fours décalent sur ce beachbreak, ou Fabregas, par houle de Sud-Est. Offshore par Mistral, et de la place pour tout le monde. Vagues de qualité moyenne mais assez fréquentes, ce qui peut amener du monde.

Surfers from Six-Fours will turn to this beachbreak, or Fabregas, when the swell comes from the SE. Offshore in the Mistral and space for all surfcraft and abilities. Low score for quality, average score for crowds and consistency.

7. PIN ROLLAND

Très jolie gauche qui déroule sur un fond rocheux le long de la pointe du Marégau, avec une longue face et même une section creuse. Le spot fonctionne seulement par houle de Sud-Est ou Sud-Ouest, mais a l'avantage d'être pratiquement offshore quand le vent tourne Est. Vu que ça marche rarement, on trouve vite pas mal de monde à l'eau les bons jours, dont des locaux réticents aux visiteurs.

Superb left wrapping around the pointe du Marégau and rolling down a rocky shelf with extensive wall and the odd little hollow section. Works with any SE-SW swell and SE winds are almost offshore when they shift more to the E. Low consistency and crowded when it finally breaks so locals can be protective.

8. GIGARO

Un beachbreak avec quelques rochers, tranquille hors saison. Après un vent de Sud, on peut y trouver une droite correcte, surtout si le vent bascule au NE offrant alors des conditions offshore et un créneau valable de quelques heures. Ca marche rarement, et l'été c'est flat et blindé de touristes. S'il n' y a pas de surf, vous pourrez au moins profiter d'un panorama unique. Avec une solide houle de vent d'Est, allez checker du côté de L'Escalet, Cavalaire-sur-Mer ou au Lavandou, où vous pouvez dégoter des vagues puissantes de bonne taille. Mais n'espérez pas être seul.

A beachbreak dotted by a few rocks with a below average, slopey wave that builds after strong S winds. If wind swings offshore NE it will be clean and quite good for a few hours, but expect onshore slop. Low on consistency and high on summer crowds, (normally flat), so enjoy the unique scenery. If there is a strong E windswell, check L'Escalet, Cavalaire-sur-Mer or way back at Le Lavandou, where headhigh, powerful waves will appear every now and then. Don't expect to be alone.

BANDOL

MARC MICELI

9. BEAUVALLON

Des vagues creuses et rapides par houle d'Est, et abritées de quelques mauvais vents: ici le Mistral souffle offshore. Vagues plus grosses et moins de monde qu'à St Tropez en face, mais pas la solitude non plus les rares fois où ça fonctionne. Autre spot à La Nartelle plus à l'Est.

Good with E swells and sheltered from nasty winds since it is offshore in Mistral conditions. Can be fast and hollow waves. Usually bigger and not as crowded as the hip resort of St Tropez, deeper in the bay, but it will be crowded on the rare occasions that it works. Also check La Nartelle further east.

10. GALIOTE

Un beachbreak rarement calé pourtant populaire chez les surfers du coin de Fréjus, qui viennent ici chaque fois qu'il y a du vent d'Est et donc quelques vagues. Les digues et jetées du port aide à retenir le sable et parfois, on peut avoir la chance de trouver une vague bien calée avec un peu de creux. Garez vous vers le lac ou le port. Quelques reefs se cachent entre Boulouris et le Cap du Dramont.

This often messy beachbreak is one of the only popular spots around Fréjus, when there is any type of E wind and swell running. The harbour breakwalls and jetties seem to help hold the sandbanks and it can have some reasonable shape, but it is very rare. Park next to the lake or harbour. The Boulouris/Cape Dramont stretch is known to hide a few reefs.

11. CANNES

Avec du vent d'Ouest les plages du midi peuvent donner de bonnes gauches au niveau de l'Aérospatiale et du Chantier, voire des petits tubes à l'Abreuvoir. Si ça vient de l'Est, passez de l'autre côté du cap de la Croisette pour surfer en face du Palm Beach, mais attention aux rochers et aux oursins. Il faut que ce soit onshore pour être surfable, et il y aura alors plein de kiters.

With W winds the 'Plage du Midi' can offer good lefts at l'Aérospatiale and Chantier, sometimes even barrels at l'Abreuvoir. Jetties help shape the sandbanks and

VAR

give power to the wave. If the wind is blowing from the E, head to the other side of the Croisette Cape to surf in front of the Palm Beach, where rocks and urchins abound. It's gotta be onshore to be any good, attracting plenty of kiters.

12. LA TOUR

Au niveau du Cap d'Antibes, cette vague termine sa course près d'une tour cassée, les pieds dans l'eau. Certainement la plus longue gauche des Alpes-Maritimes, elle marche dès 50cm mais à cette taille on se fait forcément découper par le reef. Chaussons conseillés! Marina Baie des Anges est l'option par fort vent d'Est.

Named after a broken tower that stands in the water close to Cap d'Antibes, this is probably the longest left in the Alpes Maritime. Works from 50cm but at that size, getting butchered on the reef is probable. Booties advised! Marina Baie des Anges is an option in strong E winds.

13. ST-LAURENT DU VAR

Un spot à l'embouchure du Var, qui très occasionnellement peut tuber en gauche par houle de Sud avec l'offshore du matin. L'eau de la rivière est froide et boueuse. Si les vagues sont attrayantes, les courants et la pollution font que l'on peut hésiter à les surfer. Le spot semble bien abrité des houles, mais marche finalement assez souvent, attirant au passage les kitesurfers en quête de conditions cross-shore. Egalement un beachbreak faisant face au centre

nautique, à l'hippodrome et au port, qui dévoile lors des plus grosses houles un bon pic triangulaire. Mais faut pas avoir peur de surfer avec du vent.

On rare, glassy days with enough S swell, long barrels can happen in the cold and muddy water of the Var rivermouth. The lefts can look inviting, but strong rips and pollution make this an intermediate plus wave. Happens more often than its protected location may suggest and kiters are all over it in cross-shores. There are also onshore beachbreaks facing the nautical centre, the Hippodrome and the harbour, with a big A Frame appearing in the biggest swells. Often crowded, next to Nice Airport.

14. VILLEFRANCHE SUR MER

Le top pour surfer près de Nice sans s'appeler Brice. C'est flat la plupart du temps, et seules les plus solides houles de S arriveront au fond de cette baie protégée pour animer un reef capable de délivrer principalement des gauches, puissantes et creuses. C'est alors massif, puissant et les rochers sont extrêmement dangereux. Pour très bons surfers uniquement, surtout si l'on surfe les droites qui finissent sur un reef bien sec au pied de la falaise. Par petite houle on décale sur Beaulieu. Les rares jours où ça fonctionne, attendez vous à trouver des locaux motivés. Webcam.

Only the biggest S swells will hit the reef, deep in the protected bay and the peak (lefts mostly) is noted for powerful and hollow rides. Gets overhead, heavy and the rocks are extremely dangerous – experts only, especially on the right which finishes on dry reef below cliffs. On small swells check Beaulieu instead. Only breaks a handful of times a year, when the locals are all over it. Webcam.

15. EZE

Gauches et droites courtes souvent peuplées malgré les rochers coupants. Marche par houle d'Est et vent d'Est très fort car très protégé. Plus à l'Est, Menton n'est hélas plus praticable depuis que des brise-lames ont été placés devant le spot. Heureusement Vintimille n'est pas loin.

Short rights and lefts appear with strong E wind and swell at this sheltered spot. Very popular despite the sharp reef. To the east, Menton's spot disappeared after the installation of breakwaters. Fortunately Vintimille is just across the border.

LE LAVANDOU

MÉDITERRANÉE

LA CORSE CORSICA

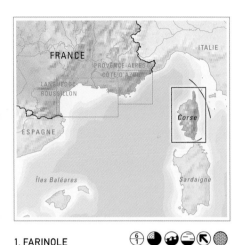

1. FARINOLE

Parmi les spots du Cap Corse celui-ci bénéficie d'une bonne exposition à la houle, d'un cadre somptueux et d'un parking en front de mer. Une série de reefs maintient un peu de sable en place, la partie la plus au Nord a tendance à fermer. Les Bastiais font souvent le déplacement plutôt que de surfer dans la caillasse à Miomo, sur la côte Est. Au Nord de Farinole, entre la pente abrupte de la plage, les falaises et les plages rocheuses, il n'y a guère d'options pour le surf si ce n'est quelques rares vagues par swells onshore au fond des baies et vers les petits ports de villages. Plus à l'Ouest, on trouve à Saleccia un beachbreak orienté NO valable par vents de SO-NE.

Among the many spots along the Cap Corse this one benefits from good swell exposure, gorgeous surroundings and beach-side parking. A band of reef holds the swirling sands and cuts down on close-outs at the north end peak. With straight access from Bastia, many surfers from the city prefer to drive here than surf between the rocks of Miomo on the east side. North of Farinole, cliffs and steep angle, stony beaches reduce the possibilities of good surf, but the deep bays and harbour towns can sometimes hold a wave in lumpy onshore swells. Further west, Saleccia has clean NW-facing sandbars in SW-NE winds.

2. OSTRICONI

Un beachbreak isolé à la limite Sud du désert des Agriates. Marche avec un peu de vent d'Ouest Nord-Ouest mais ne reste pas bon longtemps. Préférable par petite houle, car avec de la taille ça sature dans tous les sens et il y a du jus. Cette magnifique plage de sable blanc, surtout fréquentée en Juillet et Août, cache une embouchure à son extrémité Ouest. Avec plus de vent y'a des vagues à choper plus au Sud sur les galets de Lozari, de préférence par Mistral

An isolated beachbreak on the southern side of the Agriates desert. Works with a little W/NW wind but won't stay good for long. Best with small clean swell as it gets punishing lines of whitewash and strong rips at size. Beautiful white sand beach with snaking rivermouth that gets a crowd in July and August. When the wind picks up, there are more waves breaking further south at Lozari, which usually works when the Mistral is howling.

3. ALGAJOLA

Probablement le spot le plus gros de Corse, bien connu des wind et kitesurfers qui y trouvent régulièrement un bon vent. Avec un léger vent d'E à SO, direction la plage de l'Aregno qui tient la houle d'O-NO peu importe la taille. Une vague creuse qui déferle vite se met en place avec une houle de NO de bonne période. Du monde à l'eau et du courant quand ça marche, rendant ce spot inapproprié pour les débutants. En remontant sur L'ile Rousse checkez les pointes rocheuses comme celle de Guinchettu à Marine de Davina, où se trouve un spot de reef de qualité. Il y a aussi les 2 beachbreaks de Bodri si c'est plus petit, mais attention ça sature vite avec un peu trop de taille ou de vent. Toutes commodités sur place, y compris des écoles et surf shops, ainsi que de grands campings juste en arrière de la plage.

This is Corsica's biggest wave spot and is famous among wind and kiteboarders when the windspeed heads towards moderate. During light E to SW winds, surfers should head for Aregno Beach, which can handle W-NW swells of any size. Gets hollow and fast peeling on a straight NW with decent period. Often crowded and laced with currents, so beginners should try elsewhere. A few points are worth checking out on the way to Ile Rousse, like Guinchettu in Marine de Davina, a quality rocky spot when the wind howls. Bodri's two beachbreaks will only produce some nice shories on a smaller day, as they are quickly overpowered by swell and wind. All facilities with surf schools, shops and big campsites behind the beaches.

BALAGNE, ALGAJOLA

4. LUMIO

Le village d'origine de Laetitia Casta cache d'autres beautés. Cherchez un pointbreak de droites vers la plage de l'Arinella et sa tour génoise, où avec un léger vent offshore on peut parfois scorer des tubes sur un slab. Un chenal pour ramer et un reef plutôt profond rendent ce spot accessible aux surfers intermédiaires, mais ça marche rarement. Prenez le train pour la plage de Sainte-Restitude où un beachbreak plus rocheux fait face au restaurant le Pain de Sucre. Une bonne vague se forme parfois un peu plus loin vers l'embouchure de la rivière. Bonnes vues sur la citadelle de Calvi, dont la baie héberge une série de beachbreaks protégés entrecoupés de digues.

Laetitia Casta village hides other beauties. Seek a right pointbreak towards l'Arinella and the Genoese Tower (a French historical monument), where the flat slab reef trips up some nice tubes, providing the wind is light offshore. Easy channel and deep water make this low consistency wave accessible to intermediates up. Ride the train to the mellow beachbreak facing the Pain de Sucre restaurant where patches of rock can make the shorebreak interesting. Sainte-Restitude's beach is far rockier and the rivermouth can create a good peak. Nice views of the citadel of Calvi, above the bay that hosts several protected jetty beachbreaks.

5. SAGONE

Le Mistral peut réveiller un pointbreak au nord de la grande plage de sable du Golfe de Sagone. De bonnes vagues pour tous les niveaux. Il y a une autre option plus sélective et plus rocheuse à Cargese. Sinon y'a un beachbreak facile à Arone encore plus au Nord. Au Sud de Sagone, la longue plage de La Liscia et son exposition NO offre un shorebreak plus pêchu. Camping et commerces en ville.

Strong Mistral can awaken a playful right pointbreak on the north side of the town beach. Easy rollers for all abilities. There's a more exposed, rocky version off the marina at Cargese and even further north, there's an easy beachbreak in Arone. South of Sagone, the peaks of La Liscia exude more power and suckiness in the shorebreak, which isn't surprising as it faces directly NW. Camping and all comforts in town.

6. CAPO DI FENO

Des pics consistants qui restent une référence en Corse, malgré l'accès difficile par les routes à l'Ouest d'Ajaccio. Le spot marche avec toutes les houles de secteur Ouest, les vagues y sont généralement grosses et puissantes, à éviter donc si c'est fat ou trop venté. Les droites, souvent creuses, préféreront une houle de NO. Jetez un œil du côté de la Pointe

de Parata pour des reefs et pointbreaks exposés. Ca rentre souvent et pourtant on trouve peu de monde sur les différents pics, étonnant en étant à seulement 30 minutes d'Ajaccio. Attention aux courants et aux traditionnelles méduses.

Consistent peaks, difficult to find, but the roads west of Ajaccio lead to many waves. Open to all W swell, there is plenty of power and size, so not the place to be when it is big or windy. Often hollow, the rights are usually best on the NW swell angle. Look around Parata Point for some swell exposed points/reefs. Crowds should be low despite being only half an hour from town. Beware of rips and the ever-present Med jellyfish.

7. ROUTE DES SANGUINAIRES

Entre Ajaccio et la Pointe de la Parata arrêt obligatoire à La Chapelle des Grecs, au Cimetière et aux CRS. C'est sûr les noms sont un peu glauques mais ils serait dommage de rater cette série de reefs, souvent de longues droites, qui déferlent proprement mais dans peu d'eau. La fenêtre d'exposition à la houle est large, et on est bien protégé du vent de NO. Pal mal de locaux à l'eau, Ajaccio n'est pas loin.

CORSE SECRETS

En Corse il y a les spots connus, mais aussi de nombreux "secret spots" surtout fréquentés par les locaux. Ces 3 spots se trouvent sur la côte Ouest, et Ajaccio pourrait être un bon point de départ pour partir à leur découverte!

Between the main Corsica spots are many secret, semi-secret or localised spots. These three are all west coast and Ajaccio would be a good starting point. Happy hunting!

Between Ajaccio and Parata Point, hit the brakes in front of Chapelle des Grecs, Cimetière and les CRS. All good reefs or pointbreaks, mostly long righthanders, breaking with purpose in shallow water. Protection from NW winds and a wide swell window. Often a protective crowd since Ajaccio is so close.

8. LE RUPPIONE

Passé Punta di Sette Nave, ce spot est un shorebreak assez gras même si une gauche se cale parfois coté Sud. L'endroit supporte un peu de vent onshore, on s'amuse alors dans les reformes qui ont tendance à fermer. La Castagne, à quelques encablures, est un reef digne de ce nom, dans un cadre féerique de granite sculpté par l'érosion.

Past Punta di Sette Nave, this spot is usually unimpressive shorebreak although a left sometimes settles on the south side. Handles some onshore wind when it is a rolling, mushy close-out. Close by is La Castagne, a much better reefbreak, amongst the crazy landscape of wind and water sculpted granite.

9. FIGARI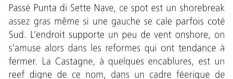

A l'Est de la baie de Figari, on peut surfer de temps en temps des beachbreaks moyens parsemés de rochers.

Surtout fréquenté par les wind et kitesurfers, pour qui c'est un bon spot de vagues. Plus au Nord à Portigliolo, on trouve une autre bande de sable avec des vagues généralement brouillon qui déferlent quand il y a du vent et une bonne houle d'Ouest, avec les bons jours des pics mieux calés à dénicher. En été c'est souvent flat, mais il y a un large choix d'activités nautiques à essayer sur place. Dans les environs de Propriano se cache un bon reef par vent de SO.

In the Baie di Figari there's some average beachbreaks among the rocks on the east side of the bay. More of a kite and windsurf area. Further north at Portigliolo, there's another stretch of sand that works in onshores with a good amount of W swell and even though it is usually messy, there can be a few fun corners on the right day. All sorts of watersports activities to try on flat summer days. Somewhere near Propriano there's also meant to be a decent reefbreak in SW winds.

10. PINARELLU

Il faudra vraiment un gros swell de SE/E, mais c'est là qu'il faut être pour surfer la plus belle vague de la cote Est, si ce n'est de Corse. Une superbe gauche bien creuse peut s'enrouler sur un reef ensablé. Soyez courtois avec les locaux, débutants s'abstenir. Cette vague ne marche que rarement, mais quand c'est le cas de nombreux locaux rappliquent. Le reste de la côte offre une succession de plages, qui n'attendent qu'une houle d'Ouest pour révéler quelques vagues, mais la plupart du temps elles sont flat et limpides, au plus grand plaisir des touristes. La façade Est de l'île est bien différente, plutôt plate, avec de longues plages assez similaires. Si la houle est avec vous, checker vers les sorties des lacs avec l'espoir de trouver des bancs de sable intéressants, mais alors exposés au jus. Encore plus au N vers Bastia, à Arinella, il y a quelques pics potentiellement intéressants en hiver avec une houle de NE.

It takes a strong SE/E swell to get the long lefts spinning down the sandy reef. Quality shape draws locals who consider it one of Corsica's finest assets. Skill and respect required. Scores a 2 for consistency and an 8 for crowds. Further up the coast there are some more possibilities providing the E swell is arriving on the beaches that are usually placid, turquoise playgrounds for the summer tourists. This east coastline is geologically different, flatter and built on sedimentary rock, edged by long sandy beaches that offer little variation. There are a number of lakes that may create some good sandbars at the entrances, but rips will be strong. Way up north near Bastia, Arinella has regular peaks that are nicely angled to pick up NE swells in winter.

LA CORSE CORSICA

PHOTOS – POULLENOT/AQUASHOT

surfsession.com

🔍 Rechercher

HOME   **MÉTÉO**   **NEWS**   **VIDEOS**   **BODYBOARD**   **SURFEUSES**   **LE MAG**   **NEWSLETTER**

NEWS

Taj Burrow / ASP Kirstin

Un grand ouf de soulagement. C'est ce que la plupart des sur ont ressenti à l'annonce de la nouvelle ce matin par l'ASP : Le 2012 aura bien lieu. Si le doute, à juste titre ou non, s'était in esprits depuis quelques jours, c'est qu'une rumeur insistant apparition en plein Quiksilver Pro Gold Coast. Dans la stu

MÉTÉO

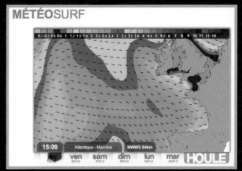

Le sourire radieux de Stéphanie Gilmore sur le podium de Snapper Rocks hier soir en disait long sur l'importance de cette victoire pour l'Australienne. Après une année 2011 difficile marquée par une agression traumatisante qui avait ébranlé la quadruple Championne du Monde dans sa confiance, **Steph avait à coeur de montrer qu'elle était revenue à son plus haut niveau et qu'elle pouvait encore prétendre à un nouveau sacre**. C'est désormais chose faite. Au terme d'une finale haletante face à sa compatriote Laura Enever, la princesse de Snapper a remporté hier le Roxy Pro Gold Coast, et retrouvé son surf exceptionnel.

VIDÉOS

PETITES ANNONCES

www.surfsession.com

retrouvez aussi les autres rubriques :
jeux-concours, jobs, forums, shop, annuaire, agenda, blogs...

WWW.SURFSESSION.COM

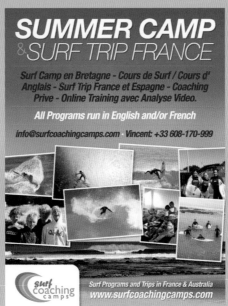

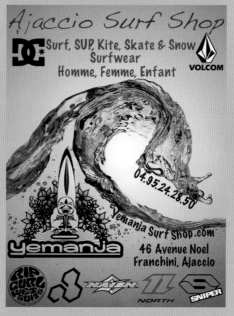

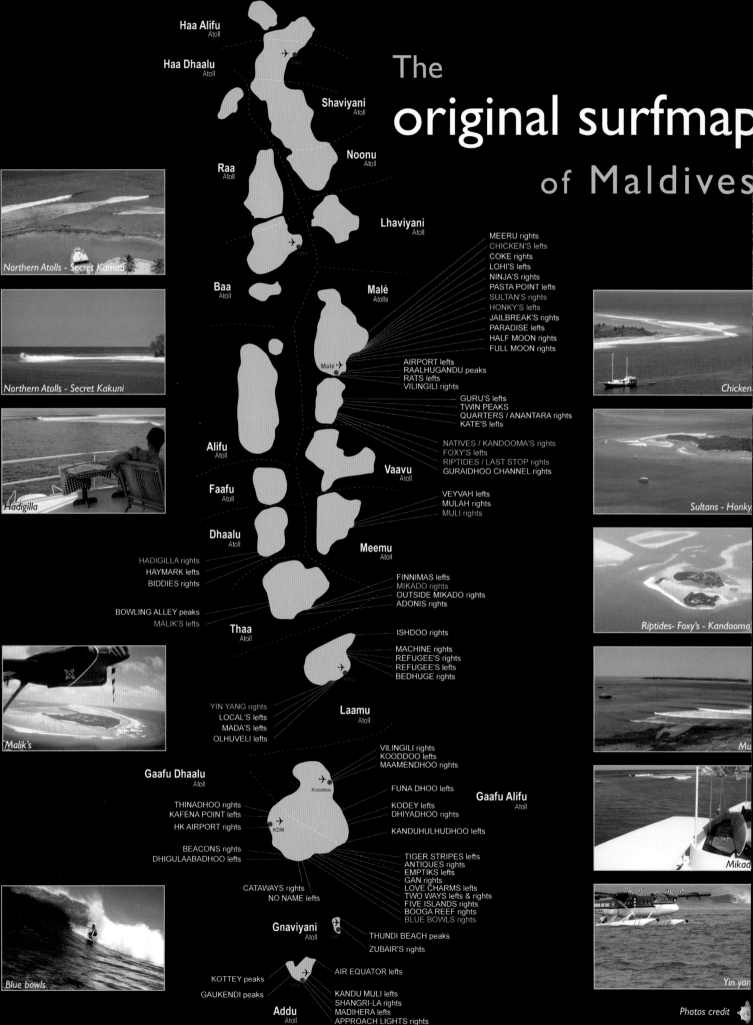

HARIYANA I

Zone : Gaafu Dhaalu atoll
Period : March - November
Construction : 2004, refurbished 2012
Length : 26 m (85 ft)
Width : 8 m (26 ft)
Cruising speed : 8-9 knots
Engine : *Daewoo 360 hp*
Electricity : 2 soundproof generators
Cabins : 7 (6 down, 1up) with *Aircon*, large bathroom, 14 beds
Dingy : 6 m (18 ft) – 15 hp outboard
Dhoni : 18 m (55 ft) x 5 m (16 ft) - 4T engine (9 knots), surf rack
Decks : 3, back shaded area for boardbags / Chill out
Crew : 5 people

HARIYANA

Zone : Northern atolls
Period : May - August
Construction : 2001, refurbished 2012
Length : 23 m (75 ft)
Width : 6.1 m (20 ft)
Cruising speed : 8-9 knots
Engine : *Quad Seba 120 hp*
Electricity : *Onan 9.5 kw and Yanmar 2.5 kw Generators*
Cabins : 6 with *Aircon*, bathroom, 12 beds
Dingy : 6 m (18 ft) - 15 hp outboard
Dhoni : Kakuni
Decks : 2, shaded top area for boardbags
Crew : 4 people

DHONI KAKUNI

Zone : All atolls
Period : May - September
Construction : 2001, refurbished 2012
Length : 16 m (52 ft)
Width : 5 m (16 ft)
Cruising speed : 8.5 knots
Engine : 3T 35 hp engine
Electricity : Solar panel, no plugs
Cabins : None, 4 hammocks
Dingy : None
Decks : 2, top floor for boardbags
Crew : 2 people

Maldive**surf fleet**

ATOLL CHALLENGER

Zone : Central atolls
Period : May - Sept
Construction : 2009
Length : 33 m (108 ft)
Width : 9 m (29,5 ft)
Cruising speed : 10-12 knots
Engine : *Mitsubishi 360 hp*
Electricity : 2 soundproof generators
Cabins : 8 with *Aircon*, large bathroom, 16 beds
Dingy : 2 with 15 hp
Dhoni : on demand
Decks : 3, shaded sundeck for boardbags / Chill out
Crew : 5-6 people

EQUATOR

Zone : North Malé
Period : May - June
Construction : 2004
Length : 30 m (99 ft)
Width : 8.5 m (28 ft)
Cruising speed : 11 knots
Engine : *Scania 420 hp*
Electricity : 2 soundproof generators
Cabins : 9 (7 down, 2 up) with *Aircon*, large bathroom, 18 beds
Dingy : 2 with 15 hp outboard engine for 8 surfers
Dhoni : on demand
Decks : 3, shaded sundeck for boardbags / Chill out
Crew : 6 people

Since 2004

uided boat trips all around the atolls
perated by Antony "yep" Colas, author of the *World Stormrider Guides*
Check our website **www.maldivesurf.com**

MALDIVE**SURF**
CRUISE THE ATOLLS

magicseaweed PRO

Official event forecaster for Quiksilver, Rip Curl, Billabong & O'Neill

Goodbye guesswork.

 Unlimited webcam viewing

 Intelligent Set Detection

 15 day forecast

HD Advert free HD webcams

Tidal Zoom webcams

magicseaweed.com

INDEX

A

Algajola 141
Ajaccio 141
Les Alcyons 118
Les Allassins 75
L'Amelie 86
ANGLET 112–114
L'Anse du Brick 36
Anse de Pen-hat 50
L'Aubraie 69
Avalanche 118

B

Baie des Trépassés 52
Bandol 139
La Barre 112
Bayonne 93
BASSE-NORMANDIE 36–37
Beauvallon 140
Belharra Perdun 120
BIARRITZ 115–117
Bidart 117
Biscarrosse-Plage 92
Blancs-Sablons 48
Bordeaux 86
Boucau 95
Les Boulassiers 74
Les Bourdaines 96
Boutrouilles 48
Brest 49
Bud bud 72

C

Calais 32
Canet Plage 134
Cannes 140
CAPBRETON 102
Capbreton Pointe 94
Cap de la Chèvre 51
Cap de L'Homy 93
Cap Fréhel 46
Cap Gris-Nez 32
Capo di Feno 142
Cap Saint-Louis 138
Carcans 87
Carnon 134
Carolles 37
Casernes 94
Cassis 138
Les Cavaliers 112
Cenitz 118
CHARENTE-MARITIME 73–75
Chassiron 74
Cherbourg 37
Ciboure 120
La Ciotat 138
Le Club 114
Collignon 36
Les Conches 72
Contis-Plage 93
La Corniche 134
Les Corsaires 113
LA CORSE 141–143
La Côte Sauvage 59, 75
CÔTE BASQUE 118–125
CÔTE D'AZUR 138–140
Côte des Basques 115
CÔTES-D'ARMOR 46–47
La Couarde 73
La Coudoulière 139
La Courance 66
La Couronne 134, 137–138
Le Crohot des Cavales 87
Les Culs Nuls 97

D

Dalbosc 49
Diélette 37
Dieppe 32
Les Donnants 59
Le Dossen 48
Les Dunes 69

E

L'Embarcadère 72
L'Ermitage 66
Erretegia 117
L'Estacade 102
Les Estagnots 96
Etel 57
Etretat 33, 34–35
Eze 140

F

Farinole 141
Figari 143
FINISTÈRE 48–55

G

Galiote 140
La Gamelle 53
Gavres 57
GIRONDE 86–91
Gohaud 67
GOLFE DU LION 134–137
Le Gouerou 48
La Govelle 66
Le Grand Crohot 88
La Grande Plage, Quiberon 59
Grande Plage, Biarritz 115
La Gravière 97, 98–99
Les Grenettes 73
Gruissan 134
Guéthary 119
Le Gurp 87
Gwendrez 53

H

Hatainville 37
Hendaye Plage 121
L'Horizon 88
HOSSEGOR 96–103, 97
Les Huttes 74

I

Ilbarritz 117
Île de Ré 73
Île d'Oléron 74

J

La Jenny 88

K

Les Kaolins 56
Kerloch 50
Le Kérou 53

L

Labenne-Ocean 94
Lafitenia 120, 124–125
LANDES 92–95
Lesconil 53
Lespecier 93
LOIRE-ATLANTIQUES 66–67
Les Longchamps 46
Lumio 142

M

La Madrague 113
LA MANCHE 32–35
Marbella 116
Marinella 113
Marseille 135
Les Mascarets 86, 90–91
La Mauvaise Grève 48
Mayarco 119
Milady 117
Mimizan-Plage 93
Moliets Plage 93
Montalivet 87
MORBIHAN 56–59

N

Nice 97
La Nord 97, 100–101

O

Plage de l'Ocean 112
Ostriconi 141

P

Palavas-les-Flots 134
Parlementia 118
Parlimentia 118, 122–123
Pavillion Royal 117
Penfoul 48
Le Penon 96
Penthièvre 58
Le Petit Minou 49
Petites Dalles 32
Le Phare 72
Pinarellu 143
Pin Rolland 139
Le Pin Sec 87
La Piste 103
Plage du Loch 56
Plage du Sillon 46
La Pointe 89
Pointe de Dinan 50
Pointe de Lervily 52
Pointe Leydé 51
Pontaillac 75
Le Porge 88
Pors-ar-Vag 51
Pors Ar Villec 48
Porsmilin 49
Pors Carn 53
Porz Théolen 51
Pourville 32
Le Prado 135
Préfailles 67
Le Prévent 102

R

Le Rouet 135
Route des Sanguinaires 142
Le Rozel 37
Le Ruppione 143

S

Les Sables d'Olonne 69
Sables d'Or 113
Les Sablettes 139
Sagone 142
Sainte Adresse 33
Sainte-Barbe 120
Saintes-Maries 134
Saint-Gilles-Croix-de-Vie 68
Saint-Nazaire 67
Saint-Nicolas 69
Saint Tugen 52
La Salie 92
Le Santocha 102
Sauveterre 69
La Sauzaie 68, 70–71
Seignosse 96
SEIGNOSSE 96
Sète 134
Siouville 36
Socoa 120
Soulac 86
St-Denis 74
St Jean de Luz 121
St-Laurent du Var 140
St Pabu 48
St-Trojan 75
La Sud 97

T

Tarnos Plage 94
La Torche 53, 54–55
Toulhars 57
La Tour 140
Trestaou 46
Trouville 33
Le Truc Vert 88

V

Vaucottes 32
VENDÉE 68–73
Le Verdon 86
Vieux Boucau 94
Villefranche Sur Mer 140
Le VVF, Anglet 114
VVF, Capbreton 103

W

Wimereux 32
Wissant 32

Y

Yport 32

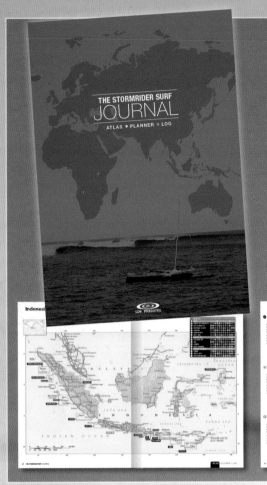

The Stormrider Surf Journal is in fact three books bound into one, providing surfers with the ideal travelling companion to take on their next trip. First up is the Atlas section, where 300 of the best surfing zones on the planet have been mapped and organised for regional comparison. Then the Planner unearths the perfect surfing destination for every day of the year, offering a world of choice for surfers trying to decide where to go when they next get some time off. Finally, the back half of the book or Log section is dedicated to recording surf trips, surf sessions and a sketchbook allowing endless freedom and options to build a highly personalised journal of a life chasing waves.

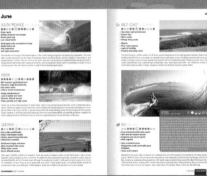

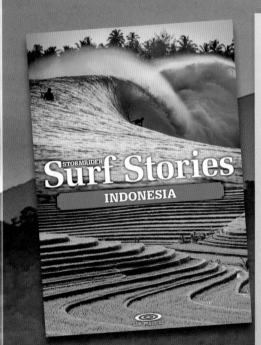

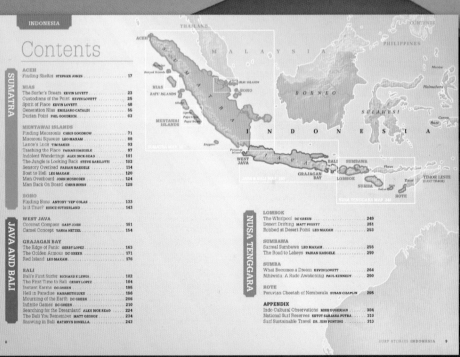

Contents

SUMATRA

ACEH
Finding Shelter STEPHEN JONES 17

NIAS
The Surfer's Dream KEVIN LOVETT 23
Custodians of the Point KEVIN LOVETT 25
Spirit of Place KEVIN LOVETT 48
Generation Nias EMILIANO CATALDI 55
Durian Point PHIL GOODRICH 63

MENTAWAI ISLANDS
Finding Macaronis CHRIS GOODNOW 71
Macaroni Squeeze LEO MAXAM 88
Lance's Luck TIM BAKER 93
Trashing the Place FABIAN HAEGELE 101
Indolent Wanderings ALEX DICK-READ 101
The Jungle is Looking Back STEVE BARILOTTI 103
Sensory Overload FABIAN HAEGELE 114
Boat to Hell LEO MAXAM 120
Man Overboard JOHN MCGRODER 124
Man Back On Board CHRIS BINNS 128

BONO
Finding Bono ANTONY YEP COLAS 133
Is it True? BRUCE SUTHERLAND 143

JAVA AND BALI

WEST JAVA
Coconut Compass GARY JOHN 151
Camel Concept YASHA HETZEL 154

GRAJAGAN BAY
The Edge of Panic GERRY LOPEZ 163
The Golden Amour DC GREEN 171
Red Island LEO MAXAM 176

BALI
Bali's First Surfer RICHARD S LEWIS 182
The First Time to Bali GERRY LOPEZ 184
Instant Karma DC GREEN 195
Hell in Paradise HANABETH LUKE 196
Mourning of the Earth DC GREEN 206
Infinite Games DC GREEN 210
Searching for the Dreamland ALEX DICK-READ 224
The Bali You Remember MATT GEORGE 234
Snowing in Bali KATHRYN BONELLA 242

NUSA TENGGARA

LOMBOK
The Whirlpool DC GREEN 249
Desert Drifting MATT PRUETT 251
Robbed at Desert Point LEO MAXAM 253

SUMBAWA
Surreal Sumbawa LEO MAXAM 255
The Road to Lakeys FABIAN HAEGELE 259

SUMBA
What Becomes a Dream KEVIN LOVETT 264
Nihiwatu: A Rude Awakening PAUL KENNEDY 290

ROTE
Peruvian Cheetah of Nemberala SUSAN CHAPLIN 295

APPENDIX
Indo Cultural Observations MIKE DUGENIAN 304
National Surf Reserves KETUT SARJANA PUTRA 310
Surf Sustainable Travel DR. JESS PONTING 313

The Stormrider series continues, this time with a rich and diverse collection of surf tales from the world's most wave-blessed shores. There are bold, idealistic and tube-blessed characters, as well as heart-warming narratives of love, joy and face-creasing comedy. Brought to life with full colour photos and maps, *Stormrider Surf Stories* books will entertain, educate and motivate anyone who's ever dreamed the surfer's dream.